Lutz von Werder

Creative Thinking
Die Ideenfabrik

Die effektivsten Denkmethoden großer Philosophen für Schule, Hochschule und Beruf

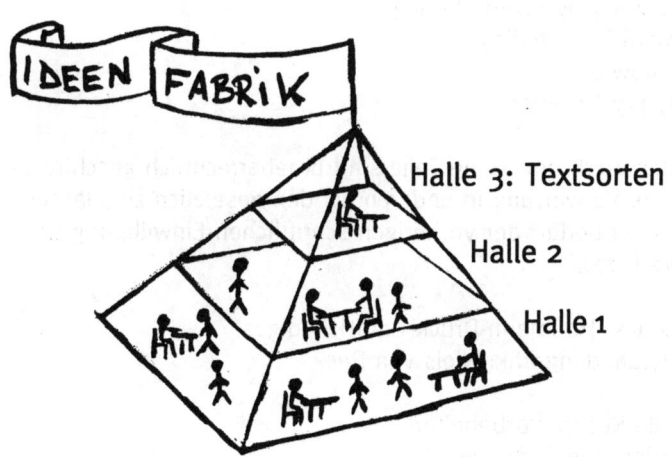

Schibri-Verlag   Berlin • Milow

Die Deutsche Bibliothek - CIP-Einheitsaufnahme
    Werder, Lutz von
Creative Thinking. Die Ideenfabrik / Lutz von Werder.
- Berlin ; Milow : Schibri-Verl., 2003
ISBN 3-933978-79-3

Bestellungen über den Buchhandel, oder direkt beim
Schibri-Verlag
Milow 60
17337 Uckerland
Tel.: 039753/22757
email: Schibri-Verlag@t-online.de
http://www.schibri.de

© 2003 by Schibri-Verlag
Matthias Schilling
Milow 60
17337 Uckerland

Druck: Hoffmann-Druck GmbH, Wolgast
Pyramidengrafik: Niels van Beek

ISBN 3-933978-79-3

Inhaltsverzeichnis

Einleitung

„Der Zufall begünstigt
nur den vorbereiteten Geist."
(L. Pasteur, Naturforscher)

1. Das Problem der Denkmethoden als Basis des Schreibens von Referaten und Hausarbeiten

Die Pisa-Studie von 2002 hat gezeigt, viele junge Deutsche können nicht kreativ denken. Allerdings ist die Lehre vom Denken an Gymnasien und Universitäten in Deutschland wenig präsent. Die Versuche der Vermittlung von Denkmethoden beschränkt sich meist auf Bücher, die nicht nur eine unzulässige Systematisierung der kreativen Denkmethoden vollziehen, sondern auch im Bereich des bloßen Beschreibens dieser Methoden verbleiben. Anregende Übungen zur Praxis des kreativen Denkens als Basis des Schreibens von Hausarbeiten und Referaten lassen sich selten finden.

Kreatives Denken ist gleichzusetzen mit philosophischem Denken und so kann man behaupten, dass die besten Kenner der Denkmethoden die Philosophen und Philosophinnen sind. Sie werden deshalb in diesem Buch zu Wort kommen.

K. Wuchterl zum Beispiel, der Methoden-Philosoph, unterscheidet die Denkmethoden der Gegenwartsphilosophie in analytische, hermeneutische und pragmatische Methoden. (K. Wuchterl: Methoden der Gegenwartsphilosophie. Bern 1999, 3. Aufl.)

H. Schlicksupp, der Kreativitätsforscher, unterscheidet dagegen folgende kreative Denkmethoden: Brainstorming, Brainwriting, Methoden der schöpferischen Orientierung, Methoden der schöpferischen Konfrontation, Methoden der systematischen Strukturierung, Methoden der systematischen Problemspezifizierung. (H. Schlicksupp: Ideenfindung. Würzburg 1992, S. 62ff.)

Allerdings ist die Darstellung von kreativen Denkmethoden bei beiden Autoren sehr abstrakt. Sie berücksichtigen überhaupt nicht den alltäglichen Lebenskontext des kreativen Denkens. Das kreative Denken vollzieht sich im Alltag eben nicht geradlinig von einem Ausgangspunkt zu einem Ziel hin. Derartige Methodendarstellungen suggerieren die vollständige Planbarkeit des kreativen Denkens. Sie verweisen den Denkenden auf einen starren Handlungsplan. Kreatives Denken ist aber eben nicht standardisierbar. Es gibt keine Methode, die die Unsicherheit kreativen Denkens beseitigen könnte. Jeder Denkende muss im Hinblick auf Denkmethoden die völlige Freiheit der Wahl haben. Die philosophischen Denkmethoden dürfen niemals als geschlossenes System auftreten.

Philosophische Denkmethoden besitzen folgende Aspekte:
- Sie unterstützen die Ideenfindung
- Sie regen das kreative Selberdenken an.
- Sie begleiten den Kreativitätsprozess.
- Sie unterstützen die Denkpraxen durch Schreiben, Lesen, Abstrahieren und Dialog.
- Sie erweitern die Denkfähigkeit des Gehirns und erschließen sowohl die linke als auch die rechte Gehirnhälfte.

Das vorliegende Buch basiert in der Darstellung des kreativen Denkens auf den Prämissen der philosophischen Lebenskunst. Die philosophische Lebenskunst versteht den Menschen als „Ursachensucher" (Lichtenberg), als „Sinnsucher" (G. Simmel), als „Streber nach Überflüssigem" (Ortega y Gasset), als „Geistwesen" (M. Scheler), als „Wissenserstreber" (Aristoteles), als „Gestalter" (Marx), als „Schaffenden" (Nietzsche), als „Spieler" (Schiller), als „Freier in seiner Wahl" (Jaspers), als „Hypothesentier" (Popper), als „Metaphysikbedürftigen" (Schopenhauer), als „sublimierendes Tier" (Freud) und als „Wanderer zur absoluten Idee" (Herder).

Die kreative Lebenskunst wendet sich an alle Menschen, besonders an Schüler und Studenten, den natürlichen Verfechtern des Kreativen. Ihre Kreativität sollte auch in ihre Referate und Hausarbeiten einfließen. Deshalb werden alle in diesem Buch vorgestellten Methoden der kreativen Ideenfindung auf die Erarbeitung von Referaten und Hausarbeiten zugeschnitten.

Die von vielen Philosophen beschriebenen Denkmethoden sprengen jedes beschränkte Methodensystem.

Die Methoden des kreativen Denkens regen zum Finden von Ideen an. Dabei zeigt sich, dass die Prozesse der Ideenfindung im Kreativitätsprozess, im Leseprozess und im Schreibprozess einander sehr ähnlich sind. Dazu eine Grafik:

Ideenfindung im

	Kreativitätsprozess	Leseprozess	Schreibprozess
1.	Ideen erfassen	Eigene Fragen zum zu lesenden Text sammeln	Ideen sammeln, Thesen aufstellen
2.	Ideen entwickeln	Schnelles Lesen des Textes, um seine Grundidee zu erfassen	Gliedern der Ideen
3.	Ideen darstellen	Langsames Lesen, um die gestellten Fragen zu beantworten	Schreiben und Belegen der Ideen
4.	Ideen überprüfen	Zusammenfassung der Leseideen durch Beantwortung der Leitfragen	Die Ideen im Text verbessern und überarbeiten

Diese Ähnlichkeit in den Methoden des kreativen Denkens lässt sich damit begründen, dass beim Finden von Ideen in allen drei Denkprozessen in Phase 1 und 2 die rechte und in Phase 3 und 4 die linke Gehirnhälfte zum Zuge kommt. Beim Denken ist also in allen Kreativitätsprozessen erst das Unbewusste und dann das Bewusstsein gefordert.

Zudem sind die von Philosophen beschriebenen Methoden meistens sehr lebens- und alltagsnah. Sie lassen sich allenfalls als einfache und komplexe Methoden differenzieren. Das wird deshalb auch in diesem Buch praktiziert. Da alles Denken auf Barrieren stößt, werden auch einfache Methoden zur Auflösung von Denkblockaden vorgestellt.

Die vorgestellten Denkmethoden können als ganzer Kurs des „Kreativen Aufstiegs" (H. Lenk) in den schulischen oder universitären Unterricht eingebettet werden. Die Denkmethoden können aber auch als einzelne Übungen in den Unterricht bei jedem Thema einfließen. Sie sind schließlich aber auch für das Selbststudium von Schülern und Studenten gedacht, wenn sie zur Entwicklung von Basisqualifikationen im Denken Anstrengungen machen wollen. Außerdem sollte jeder Leser / jede Leserin diese Methoden ausprobieren, die ihm zur Lösung eines gerade vorliegenden Themas, auch als Referat oder Hausarbeit, geeignet zu sein scheinen.

Für Hilfe bei der Entstehung des Buches habe ich mich bei meinen Studenten, bei den Besuchern meiner philosophischen Cafés und besonders bei Iris van Beek zu bedanken. Meiner Frau Sybille v. Heynitz gebührt Dank für viele anregende Gespräche über das kreative Denken.

Januar 2003   Lutz von Werder

2. Wie man/frau in dieser Denk- und Ideenfabrik arbeiten kann

Die Methoden des kreativen Denkens lassen sich zur Lösung und zur Produktion vielfältiger Ideen in Schule und Hochschule nutzen. Allerdings gehört zur kreativen Nutzung das Üben. Üben heißt: Probleme, die auftreten und bewusst werden, sollten mithilfe der kreativen Denkmethoden gelöst werden.

Es gibt für diese Übung drei Denkwege durch die Ideenfabrik dieses Buches:

1. Referat oder Hausarbeit

Die meisten Schüler und Studenten suchen anhand eines vom Lehrer oder Hochschullehrer gestellten Referates oder einer Hausarbeit nach Ideen für ihr Thema. Die Ideenfabrik ist so konstruiert, dass aufsteigend von einfachen zu komplizierten Methoden, Ideen zu jedem gestellten Thema in Schule und Universität produziert werden können. Zu diesem Zweck heißt der erste Weg: Probieren Sie erst die einfachen und dann die komplexen Denkmethoden aus, bis Sie genügend Ideen für Ihr Thema gefunden haben.

2. Wissenschaftliches Lernthema aus jedem Fach

Viele Schüler und Studenten werden durch den Unterricht bzw. das Studium auf Probleme aufmerksam. Sie fragen dann, mit welchen Methoden sie diese Probleme lösen können. Der zweite Weg heißt: Diese Gruppen von Benutzern der Denkfabrik sollten hauptsächlich die einfachen Denkmethoden benutzen, um sich mit neuen Ideen für ihr Lernthema vertraut zu machen.

3. Philosophisches Thema aus der eigenen Lebenskunst

Alle Schüler und Studenten werden in Pubertät und jungem Erwachsenenleben mit einer Vielzahl von existentiellen Problemen konfrontiert. Oft werden diese Probleme verdrängt oder völlig unmethodisch in gängige Denk-Klischees eingeordnet. Unsere Denkfabrik gibt mit vielen kurzen biografischen Hinweisen die Ursprünge vieler Denkmethoden aus den Lebenskrisen großer Denker an. Der dritte Weg lautet: Lesen Sie sich durch die ganze Denkfabrik und üben Sie die Methoden, die Ihnen von Seiten der vorgestellten Denker zur Entwicklung von Ideen zur Lösung Ihrer existentiellen Probleme passend erscheinen.

Kreative Denkmethoden gehören in jede Schule und in jede Universität. Die vorliegende Ideen- und Denkfabrik gibt jedem/jeder Lehrer/in und Hochschullehrer/in die Möglichkeit, Denkmethoden passend auszuwählen. Mit diesen Methoden können sie dann ihre Schüler und Studenten zu wichtigen Themas ihres Faches Ideen produzieren lassen. Kurse im kreativen Denken sollten eigentlich in jeder Schule und Universität angeboten werden, wenn es um die Entwicklung der heutigen Schlüsselqualifikationen „Kreativität" geht. Diese Schlüsselqualifikation steht immer im Zentrum der Kunst, das Lernen zu lernen. Die Schlüsselqualifikation „Kreativität" wird dem Besucher unserer Denkfabrik bedeutend vertrauter werden. Viel Spaß bei dem großen Abenteuer des Kreativen Denkens.

3. Der Weg durch die Ideenfabrik

Stellen Sie sich unsere große Denk- und Ideenfabrik als gläserne lichtdurchflutete Pyramide vor:

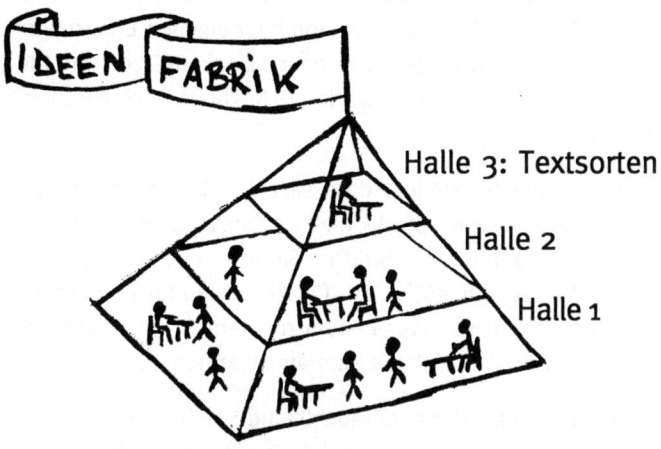

In der unteren „Fabriketage" befindet sich die **Halle 1** (Teil A dieses Buches) der Ideenfabrik, in der die **einfachen Methoden** für das Finden von Ideen vorgestellt und geübt werden.

In der mittleren Etage liegt die **Halle 2** (Teil B dieses Buches) für die **komplexen Methoden.**

Ganz oben in der **Halle 3** (Teil C) werden dann die Textsorten zur Verschriftlichung der produzierten Ideen vorgestellt.

Jede Halle ist in verschiedene unterschiedlich große **Abteilungen** gegliedert, z.B. finden sich in Halle 1 u.a. die Abteilungen mit den Namen der einfachen Methoden „Fragen", „Träumen", „Definieren" usw., in Halle 2 die Abteilungen der komplexen Methoden, die u.a. heißen: „Dialektik", „Hermeneutik" oder „Meditation".

Stellen Sie sich nun vor, dass sich in jeder Abteilung Schreibtische bzw. **Arbeitsplätze** befinden, an denen jeweils ein bedeutender

Philosoph oder eine bedeutende **Philosophin** der Antike, der Moderne oder der Postmoderne sitzt und auf Ihren Besuch wartet.

Sobald Sie sich in Ihrer Vorstellung an einen, von Ihnen ausgewählten Arbeitsplatz setzen, wird Ihnen diese kompetente philosophische „Fachkraft" sogleich anhand ihrer **eigenen Erfahrungen** erklären, auf welchem Wege Sie zu **neuen Denkansätzen und Ideen** finden können und diese neu erlernte Methode auch gleich mit Ihnen **üben.**

Sie werden dabei feststellen, dass sich die **Denkmethoden** der einzelnen philosophischen „Fachkräfte" ähneln, ergänzen oder sogar widersprechen können. Das braucht Sie aber nicht zu irritieren, denn Ihr Ziel ist es schließlich, zu (für Sie) neuen Ideen zu finden – ganz egal, auf welchem Wege –, um zu Ihrem Endprodukt, nämlich Ihrer Hausarbeit oder Ihres Referats zu kommen.

Falls Ihnen doch mal „der Kopf raucht" und Sie das Gefühl haben, nicht mehr denken zu können, findet sich in jeder Abteilung ein Platz zum Erholen und Freimachen von **Denkblockaden,** natürlich wieder mit der Hilfe einer/eines erfahrenen Philosophin/Philosophen.

Natürlich ist die **Reihenfolge** Ihrer Abeitsplatzbesuche völlig Ihnen überlassen, jedoch sollten Sie **in Halle 1 beginnen.**
Wenn Sie in **Halle 3** – mitten im Verschriftlichen – plötzlich merken, dass Ihnen doch noch etwas fehlt, gehen Sie einfach wieder hinunter in das Büro und zu der philosophischen Fachkraft Ihrer Wahl mit der für Sie effektivsten Denkmethode, oder Sie probieren noch eine andere Methode aus, die Sie vorher übergangen haben.

Die Hauptsache ist, dass Ihr Denkprozess angeregt wird und Ihr Referat bzw. Ihre Hausarbeit zur vollsten Zufriedenheit Ihrer selbst und Ihrer Prüfer gerät!

A   Halle 1 der Ideenfabrik: Einfache Methoden für das Finden von Ideen

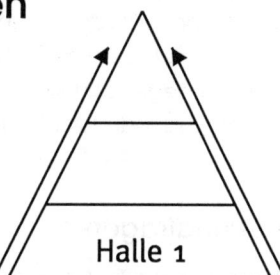

1. Fragen
2. Assoziieren
3. Intuieren
4. Träumen
5. Imaginieren
6. Selbstgespräche führen
7. Mit Gedanken experimentieren
8. Erfahrungen machen
9. Definieren
10. Abstrahieren
11. Sprache analysieren
12. Entwicklung denken
13. Lesen
14. Schreiben

1. Fragen

Das Fragen ist die einfachste wissenschaftliche Methode für das Abfassen von Referaten und Hausarbeiten. Das Fragen entspringt dem Staunen. Mit dem Staunen beginnt die Philosophie und die Wissenschaft: das systematische Nachdenken. Durch das Fragen wird das Nachdenken angeregt und auf den Weg zur Antwort gebracht. Philosophisches Fragen lebt davon, dass das Fragen unterwegs zur Antwort bleibt. Die Geschichte der Philosophie, die der Wissenschaft voraus geht, sie begleitet und überbietet, ist auch eine Geschichte der unterschiedlichen Fragen.

1.1 Grundfragen

Wilhelm Weischedel (1905-1975) formuliert über die Methode des Fragens als Zentrum der Philosophie: *„Das Philosophieren als radikales Fragen ist die Wurzel sowohl der Metaphysik wie der Kritik an dieser. Das aber besagt: Mit der Ansetzung des Wesens der Philosophie als radikalen Fragens ist in der Tat das ursprüngliche Wesen der Philosophie getroffen.“* (W. Weischedel: Der Gott der Philosophen. Darmstadt 1971, Bd. 1, S. 30)

do it your-self Übung 1:
Stellen Sie sich folgende Fragen der Philosophie und versuchen Sie zu jeder Frage eine kurze Antwort.

do it your-self Übung 2:
Stellen Sie sich alle W-Fragen zum Thema Ihrer Hausarbeit oder Ihres Referates und geben Sie dann gleich die Antwort.

do it your-self Übung 3:
Beantworten Sie schließlich auch die Frage: „Warum fragen Sie?“

Philosophische Fragen	Ihre Antworten
Vorsokratik: Was ist Materie? Was ist der Ursprung der Welt?	
Sokrates: Was ist das Gute?	
Platon: Was sind Ideen?	
Kant: Was können wir wissen, was können wir glauben, was können wir hoffen?	
Schopenhauer: Warum leiden wir?	
Nietzsche: Warum gibt es den Nihilismus?	
Heidegger: Warum ist überhaupt etwas und nicht vielmehr nichts?	
Bloch: Woher kommen wir, wer sind wir, wohin gehen wir?	

1.2 Methodisches Fragen

René Descartes (1596-1650) ging von folgender Grunderfahrung aus: Die Erfahrung der absoluten Bezweiflung von Allem und Jedem und die Entwicklung von vier Methoden des klaren und richtigen Denkens.

„Und wie sich mit der Menge der Gesetze oft die Gesetzwidrigkeiten entschuldigen lassen, so dass ein Staat weit besser geregelt ist, wenn er nur sehr wenige Gesetze hat, diese aber sehr genau befolgt werden, so glaubte ich, statt einer großen Anzahl von Regeln, aus denen die Logik besteht, mit den folgenden vier genug zu haben, natürlich unter der Bedingung, dass ich den festen und beharrlichen Entschluss fasste, sie stets zu befolgen.

Die erste Regel war, niemals eine Sache als wahr anzunehmen, die ich nicht als solche deutlich erkennen würde, das heißt, sorgfältig die Übereilung und das Vorurteil zu vermeiden und in meinen Urteilen nur soviel zu begreifen, als sich meinem Geist so klar und deutlich darstellen würde, dass ich gar keine Möglichkeit hätte, daran zu zweifeln.

Die zweite Regel: Jede der Schwierigkeiten, die ich untersuchen würde, in so viele Teile zu teilen als möglich und zur besseren Lösung wünschenswert wäre.

Die dritte Regel: Meine Gedanken richtig zu ordnen, zu beginnen mit den einfachsten und fasslichsten Objekten und aufzusteigen allmählich und gleichsam stufenweise bis zu der Erkenntnis der kompliziertesten, und selbst solche Dinge in gewisser Weise zu ordnen, bei denen ihrer Natur nach nicht die einen den anderen vorausgehen.

Und die letzte Regel: Überall so vollständige Aufzählungen und so umfassende Übersichten zu machen, dass ich sicher wäre, nichts auszulassen.

...

Was mich aber bei dieser Methode am meisten befriedigte, war die Sicherheit, die ich durch sie erhielt, meine Vernunft in allen Stücken, wenn nicht vollkommen, so doch nach bestem Vermögen zu brauchen; dann, dass ich in ihrer Übung fühlte, wie sich

mein Geist immer mehr daran gewöhnte, jene Objekte feiner und genauer zu begreifen; und dass ich bei ihrer Unabhängigkeit von jeder besonderen Materie die Aussicht hatte, sie auf die Probleme der anderen Wissenschaften mit demselben Erfolg wie auf die der Algebra anzuwenden. Nicht, dass ich zu diesem Zweck alle vorhandenen Wissenschaften sogleich zu prüfen unternommen hätte, denn dies wäre selbst der methodischen Ordnung zuwider gewesen; sondern ich hatte ja bemerkt, dass ihre Prinzipien alle von der Philosophie, in der ich noch keine sicheren Prinzipien fand, entlehnt sein mussten. So meinte ich, müsste ich vor allem den Versuch machen, solche Prinzipien hier festzustellen, und da dieses die bedeutendste Sache der Welt wäre, wobei Übereilung und Vorurteil am meisten zu fürchten, so müsste ich, um damit zustande zu kommen, ein viel reiferes Alter erreicht haben, als die dreiundzwanzig Jahre, die ich damals alt war, und müsste zuvor viel Zeit auf meine Vorbereitung verwenden, aus meinem Geist alle schlechten Vorurteile bis auf die Wurzel vertilgen, eine Menge von Erfahrungen sammeln als Stoff für späteres Denken, und mich fortwährend in der Methode, die ich mir vorgezeichnet hatte, üben, um mich nach und nach mehr darin zu befestigen."
(R. Descartes: Abhandlung über die Methode. In: Ders.: Auswahl. Frankfurt 1960, S. 58f., 60)

Übung:
Um zu einem ersten Text über Ihr Thema zu kommen, nehmen Sie Ihr Referats- bzw. Hausarbeitsthema und üben Sie die folgenden 4 Methoden von René Descartes:

do it yourself

Methode 1: 2-Spalten-Methode
Listen Sie in einer 2-Spalten-Grafik alle Vorurteile und alle Urteile über das Thema Ihrer Hausarbeit auf, ehe Sie aus den aufgelisteten Argumenten einen kleinen Text verfassen.

Methode 2: Alle Fragen stellen
Die Analyse eines Themas in allen seinen Teilen kann z.B. durch das Stellen aller möglichen W-Fragen (Warum? Wieso? Wodurch?

Wie lange? Wo? Durch wen? Mit wem?) und den entsprechenden Antworten bewältigt werden. Aus den Fragen und Antworten lässt sich dann ein Text über ein Thema entwickeln.

Methode 3: Erkenntnisse ordnen

Die induktive Ordnung, vom Einfachsten zum Kompliziertesten aufzusteigen, lässt sich am leichtesten mit einer induktiven Leiter entwickeln, die auf ihrer untersten Sprosse das Einfachste eines Themas und auf ihrer obersten Sprosse die kompliziertesten Zusammenhänge eines Themas benennt. Auch mit Hilfe dieser Leiter lässt sich dann ein kleiner Text zum Thema Ihres Referats formulieren.

Methode 4: Listenprinzip

Die vollständige Aufzählung lässt sich mit dem Listenprinzip bewältigen. Das Listenprinzip schreibt vor, alle Einfälle linear hintereinander zu ordnen, die man zu einem Thema hat. Aus dieser Liste und den Querverweisen, die sich bei den Worten der Liste ergeben, ist dann ein kleiner Text zum Thema der Hausarbeit zu formulieren.

1.3   Entlarvendes Fragen

Mit <u>Friedrich Nietzsche</u> (1844-1900) bekommt das Fragen den Sinn des Entlarvens und des Hinterfragens. In seiner Schrift „Morgenröte" schreibt er: *„Bei allem, was ein Mensch sichtbar werden lässt, kann man fragen: Was soll es verbergen? Wovon soll der Blick ablenken? Welches Vorurteil soll es erregen? Und dann noch: Bis wie weit geht die Feinheit dieser Verstellung? Und worin vergreift er sich dabei?"* (F. Nietzsche: Werke in 3 Bänden. München 1960, Bd. 1, S. 1254)

do it yourself Übung:
Beantworten Sie bei Ihrem Thema Nietzsches Fragen: Was wollen Sie verbergen? Wovon wollen Sie ablenken? Welches Vorurteil wollen Sie erregen?

1.4 Das Befragen des Fragens

Erst mit <u>Martin Heidegger</u> (1889-1976), dem großen deutschen Philosophen, wird das Fragen selbst hinterfragt. Fragen ist für Heidegger die „Frömmigkeit des Denkens". Denn am Ende des Fragens steht die Erfahrung, dass auf die letzte Frage, was das Sein (oder das Leben) ist, keine Antwort erhalten werden kann.

Übung: **do it your-self**
Welche Fragen können Sie im Rahmen Ihres Themas nicht beantworten? Legen Sie eine Liste derartiger Fragen an.

1.5 Fragen an Texte

Das kreative Denken kann viel durch Befragen von Texten gewinnen. Wissenschaftliche Texte können als Antworten auf Fragen verstanden werden. Mit folgendem Frageschema kann der Argumentationsgang eines Textes erschlossen werden.

---

1. Zu welchem Thema (Problem)
2. wird innerhalb welchen Verfahrens (Methode),
3. das mit welchen Argumenten begründet wird,
4. welche Frage gestellt – und
5. wie wird das Aufwerfen der Frage begründet/bestritten?
6. Welche Frage wird stattdessen mit Gründen zugelassen?
7. Welche Thesen werden als Antwort auf die Frage diskutiert?
8. Mit welchen Argumenten wird die Gültigkeit einer Antwort bestritten/bestätigt?"
   (K. Langebeck)

Übung: **do it your-self**
Wählen Sie einen Schlüsseltext zum Thema Ihres Referats oder Ihrer Hausarbeit aus. Erschließen Sie dann den Argumentationsgang des gewählten Textes mit dem eben vorgestellten Frageschema.

Fragen bei Denkblockaden

1. Hilft mir ein vorläufiges Denkverbot?
2. Welche Ursachen könnte mein Denkblock haben?
3. Welche Gründe hat eine maßlose Denkerweiterung oder Denkdogmatisierung?
4. Warum fällt mir nichts mehr ein? Versuchen Sie eine Antwort in 1 Minute Freewriting.

Literatur zum Fragen

Historisches Wörterbuch der Philosophie. Darmstadt 1972, Bd. 2, Sp. 1059-1062

Krings, H. (u.a.) (Hrsg.): Handbuch philosophischer Grundbegriffe. München 1973, S. 485-493

Rehfus, W.D.; Becker, H. (Hrsg.): Handbuch des Philosophie-Unterrichts. Düsseldorf 1986, S. 392-395

2. Assoziieren

Mit der Assoziation ist im Gedächtnis alles mit allem verbunden. Das führt dazu, dass, wenn ein Gedanke auftritt, auch das Andere bewusst wird. Die Assoziationsgesetze machen es möglich, die Ursachen der Ideenverknüpfung im Gehirn und seinem Gedächtnis zu erschließen. Die Assoziationsmethoden eröffnen ein Eindringen in die Assoziationsnetzwerke und eine Erschließung dieser Zusammenhänge im Rahmen jedes Themas eines Referats oder einer Hausarbeit.

2.1 Assoziationsgesetze

Schon Aristoteles (384-322 v.Chr.), der große griechische Philosoph der Antike, hat die Assoziationsgesetze entdeckt. (Aristoteles: Kleine naturwissenschaftliche Schriften. Leipzig 1924)

Diese Gesetze heißen:
- Gedächtnisinhalte treten wieder ins Gedächtnis, wenn ein aktueller Reiz sie weckt.
- Je intensiver die erste Erfahrung, umso leichter die Erinnerung.
- Bei allen Assoziationen spielen die Erfahrungsbilder eine große Rolle.
- Die Assoziationsgeschwindigkeit lässt mit der Zeit des Lebens nach.
- Die Assoziationspotenzen sind stark von Stimmung und Befindlichkeit abhängig.
- Frühe Denkgewohnheiten haben einen prägenden Einfluss auf den Assoziationsprozess.

Übung:
Nehmen Sie nun Ihr Thema. Lassen Sie sich zu jedem Wort Ihres Themas zehn weitere Worte einfallen. Entwickeln Sie aus den so entstehenden Assoziationsbündeln kurze Texte, die Ihr Thema im Groben schon ausformulieren können.

2.2 Die Kunst, in drei Tagen ein Original-Denker zu werden

<u>Ludwig Börne</u> (1786-1837), kritischer Publizist und Gesellschafts-skeptiker, hat sich als erster Gedanken gemacht, wie man ganz schnell kreativ denken lernen kann. Seine Grundeinsicht heißt:

Man muss erst mal die vielen Gedanken, die man gelernt hat, über Bord werfen. *„Man kann die Bücher wegwerfen, wie entfernt man aber aus seinem Kopf all die herkömmlichen Kenntnisse, die der Unterricht hineingebracht hat?"* (L. Börne: Spiegelbild des Le-bens. Frankfurt 1993, S. 65)

Es geht also zuerst um die Aufhebung der inneren Zensur, um wirklich ein kreativer Original-Denker zu werden. *„Drückender als die Zensur der Regierung ist die Zensur, welche die öffentliche Meinung über unsere Geisteswerke ausübt."* (L. Börne, a.a.O., S. 66)

Man muss also authentisch werden. *„Wer den Mut hat, leh-rend zu verbreiten, was ihm das Herz gelehrt, der ist immer origi-nell."* (L. Börne, a.a.O., S. 67) Sein Vorschlag zur Entdeckung des Original-Denkens in sich selbst, auf der Basis des schnellen asso-ziativen Schreibens, lautet:

„Nehmt einige Bogen Papier und schreibt drei Tage hinterein-ander, ohne Falsch und Heuchelei alles nieder, was euch durch den Kopf geht. Schreibt, was ihr denkt von euch selbst, von euren Weibern, von dem Türkenkrieg, von Goethe, von Fonks Kriminal-prozess, vom Jüngsten Gericht, von euren Vorgesetzten – und nach Verlauf der drei Tage werdet ihr vor Verwunderung, was ihr für neue unerhörte Gedanken gehabt, ganz außer euch kommen. Das ist die Kunst, in drei Tagen ein Original-Denker zu werden." (L. Börne, a.a.O., S. 67)

do it your-self Übung:

Schreiben Sie mal eine halbe Stunde ohne Falsch und Heu-chelei alles zu Ihrem Thema nieder, was Ihnen durch den Kopf geht. Prüfen Sie dann, ob sich neue Gedanken einge-stellt haben.

2.3 Freie Assoziation

Sigmund Freud (1856-1939), der Erfinder der Psychoanalyse, ist einer von vielen, die im 19. Jahrhundert die freie Assoziation als Technik des kreativen Denkens geübt und empfohlen haben.

Freud beschreibt die Technik der freien Assoziation mit den Worten eines Gewährsmannes folgendermaßen: *„Man wählt ein Thema und schreibt es nieder. Sobald dies geschehen ist, darf man den ersten Einfall, der sich nach der Niederschrift des Titels ergibt, als Beginn der Ausarbeitung des Themas betrachten, gleichgültig wie sonderbar oder nicht dazugehörig das betreffende Wort oder der Satz erscheinen mag ... Ich habe immer gefunden, dass die Methode, wie in Folge eines untrüglichen Instinktes, ins Innere der Sache führt."* (S. Freud: Gesammelte Werke. Frankfurt 1960, Bd. XIII, S. 310)

Die freie Assoziation entspricht einem gesteigerten Sich-Gehen-Lassen und der Aufforderung, die tiefer liegenden Regungen einfach zu äußern. Dabei werden Wille und Überlegung beiseite gelassen, und man vertraut sich völlig der Eingebung an. Dabei erkennt man bald, dass sich die Eingebungen spontan auf unbekannte Ziele einstellen.

Übung: **do it your-self**
Nehmen Sie Ihr Thema eines Referates oder einer Hausarbeit. Schreiben Sie einfach los, was Ihnen zu diesem Thema auf einer Seite spontan einfällt.

übung 2:   **do it your-self**
Bewerten Sie dann Ihre Einfälle. Was Sie gut finden, bearbeiten Sie weiter, was Sie schlecht finden, streichen Sie durch.

2.4   Assoziieren bei Denkblockaden

**do it
your-
self**

Übung des Aristoteles wiederholen:

Wählen Sie irgendein Startwort und lassen Sie sich zu diesem Wort zehn weitere Worte einfallen.

Aus diesen Worten schreiben Sie einen Text mit der Überschrift Ihres Startwortes.

Literatur zum Assoziieren

*Aristoteles: Kleine wissenschaftliche Schriften. Hrsg. E. Rolfes.
    Leipzig 1924*

*Historisches Wörterbuch der Philosophie. Darmstadt 1971, Bd. 1,
    Sp. 548-553*

Strube, G.: Assoziation. Berlin 1984

*Warren, H.L.: History of the Association Psychology. New York
    1921*

3.   Intuieren

> Die Intuition ist ein eingebungsartiges geistiges Schauen, eine unmittelbare, nicht durch Erfahrung oder verstandesmäßige Überlegung gewonnene Einsicht. Sie zielt auf das unmittelbare, evidente Erleben der Wirklichkeit, die aber in ihren urbildlichen typischen Metaphern sichtbar wird.
> Intuition wird auch als intellektuelle Anschauung, d.h. als eine anschaulich-unmittelbare das metaphorisch Absolute erfassende Erkenntnis verstanden. Sie ist in jedem Falle keine Leistung der Sinne, sondern der Innerlichkeit, des inneren Sehens. Oft tritt sie ohne willensmäßige Anstrengung plötzlich und überfallartig auf. Dieses intuitive Denken lässt sich auch beim Schreiben von Referaten und Hausarbeiten nutzen.

3.1   Körperhaltung und Intuition

Die Philosophen forschten genau danach, in welcher Körperhaltung sie am besten denken konnten. Besonders vorteilhaft für das intuitive Denken erkannten sie folgende Körperhaltungen: gehen, liegen, stehen, knien. Die <u>Stoiker</u> philosophierten beim Gehen in einer Wandelhalle (der Stoa). <u>Nietzsche</u> kamen die besten Gedanken beim Wandern in Sils Maria in den Alpen. <u>Descartes</u> und <u>E.M. Cioran</u> philosophierten am liebsten beim Liegen im Bett am Vormittag oder nachts. <u>Sokrates</u> fasste wichtigste Gedanken, indem er stundenlang stillstand. Der dänische Existentialist <u>Sören Kierkegaard</u> philosophierte oft auf den Knien.

Übung:
Probieren Sie die verschiedenen Körperhaltungen einmal aus. Beschreiben Sie die Gedanken über Ihr Referat oder Ihre Hausarbeit, die Ihnen beim Gehen, Liegen, Stehen oder Knien gekommen sind.

do it your-self

3.2 Intuitives Erfassen einer Schlüsselfigur

Im Alter von 17 Jahren hatte Arthur Schopenhauer (1788-1860), der große romantische Philosoph, sein Buddha-Erlebnis. Über dieses Erlebnis schreibt er: *„In meinem 17. Jahr, ohne alle Schulbildung, wurde ich vom Jammer des Lebens so ergriffen wie Buddha in seiner Jugend, als er Krankheit, Alter, Schmerz und Tod erblickte."* Schopenhauer entwickelte aus dem Buddha-Erlebnis seine pessimistische Philosophie der Überwindung des Willens zum Leben gemäß dem Motto: „Die Welt ist die Hölle."

do it your self
Übung:

In welcher Figur aus der asiatischen Religion könnten Sie Ihr Thema eines Referates oder einer Hausarbeit intuitiv personifizieren? Was können Sie von dieser Figur für Ideen für Ihr Thema übernehmen? Diese Ideen sollten Sie nach Findung einer asiatischen Schlüsselfigur gleich aufschreiben.

3.3 Dionysische Intuition

Friedrich Nietzsche (1844-1900), der Entdecker der Lebensphilosophie, hatte zeit seines Lebens Intuitionen. Er definierte Intuition folgendermaßen:

„Die intuitive Vorstellung umfasst zweierlei: einmal die gegenwärtige, in allen Erfahrungen an uns heran sich drängende bunte und wechselnde Welt, sodann die Bedingungen, durch die jede Erfahrung von dieser Welt erst möglich wird, Zeit und Raum. Denn diese können ... rein an sich intuitiv perzipiert, also angeschaut werden." (F. Nietzsche: Werke in drei Bänden. München 1960, Bd. III, S. 370)

do it your self
Übung:

Schließen Sie die Augen. Stellen Sie sich Raum und Zeit Ihres Themas vor. Beschreiben Sie dann Ihre Erfahrungen.

3.4 Plötzliche Intuition

<u>Fritjof Capra</u> (*1939) erlebte seine plötzliche Intuition als Physiker, der die Struktur der Atome erforscht und der mit Albert Einstein weiß, dass Masse gleich Energie ist. Er schreibt: *„Eines Nachmittags, im Spätsommer saß ich am Meer; ich sah, wie die Wellen anrollten und fühlte den Rhythmus meines Atems, als mir plötzlich meine Umgebung als Teil eines gigantischen kosmischen Tanzes bewusst wurde ... Ich sah die Atome der Elemente und die meines Körpers als Teil dieses kosmischen Energietanzes: Ich fühlte seinen Rhythmus und hörte „seinen Klang", und in diesem Augenblick wusste ich, dass das der Tanz Schivas war, des Gottes der Tänzer, den die Hindus verehren."* (F. Capra: Das neue Denken. München 1992, S. 33)

Als Capra etwas später eine Photomontage, die er nach seinem Erlebnis angefertigt hatte, betrachtet, erweitert sich seine Erfahrung: Er hatte eine Vision, die einen klaren Denkauftrag umfasst: *„Ich wusste mit absoluter Gewissheit, das die Parallele zwischen Physik und Mystik, die ich gerade zu entdecken begann, eines Tages zum Allgemeingut des Wissens gehören würde, und ich spürte auch, das es meine Bestimmung war, diese Parallelen gründlich zu erforschen und die Ergebnisse zu publizieren. Ich entschied mich daher in diesem Augenblick, darüber ein Buch zu schreiben."* (F. Capra, a.a.O., S. 34)

Übung: **do it your-self**
Achten Sie bei der Arbeit an Ihrem Referat bzw. an Ihrer Hausarbeit auf plötzliche Intuition. Verwandeln Sie die plötzliche Intuition in eine Photomontage. Hängen Sie diese Montage als Anstoß zum weiteren Denken in Ihrem Arbeitszimmer auf.

3.5   Intuition bei Denkblockaden

Immanuel Kant (1724-1804) erkennt in der „Kritik der reinen Vernunft", dass für die Synthese von Sinnlichkeit und Verstand die „produktive Einbildungskraft" nötig ist. Diese Einbildungskraft agiert spontan. *„Sofern die Einbildungskraft nun Spontaneität ist, nenne ich sie bisweilen die produktive Einbildungskraft."* (A. Gulyga: Immanuel Kant. Frankfurt 1985, S. 133) Produktive Einbildungskraft ist aber nichts anderes als Intuition. Nicht nur bei der Begriffsbildung, sondern auch im Begriffsgebrauch ist Intuition nötig. Der Denkende verfügt nicht nur über Denkregeln, er muss sie auch in konkreten Fällen anwenden können. Wie die Intuition arbeitet, sagt Kant, *„ist schwer zu sagen. Es ist eine verborgene Kunst in den Tiefen der menschlichen Seele, deren wahre Handgriffe wir der Natur schwerlich jemals abraten und sie unverdeckt vor Augen legen werden."* (A. Gulyga, a.a.O., S. 134)

**do it
your-
self**   Übung:
Listen Sie in zwei Spalten alle sinnlichen und alle begrifflichen Aspekte Ihres Themas auf. Vielleicht kommen Sie intuitiv auf neue Ideen und überwinden mögliche Denkblockaden.

Literatur zur Intuition
Historisches Wörterbuch der Philosophie. Darmstadt 1976, Bd. 4,
  Sp. 524-540
Goldberg, P.: Die Kraft der Intuition. Bindlach 1995
Husserl, E.: Logische Untersuchungen 2. Den Haag 1984, Bd. 1
König, J.: Der Begriff der Intuition. Leipzig 1926
Lenk, H.: Kreative Aufstiege. Frankfurt 2000
Sandkühler, H.J. (Hrsg.): Enzyklopädie Philosophie. Hamburg 1999,
  Bd. 1, S. 661-665
Scheler, M.: Der Formalismus in der Ethik und die materiale Wertethik. Bern 1954, S. 267ff.
Schultz, I.H. Das autogene Training. Stuttgart 1996

4. Träumen

Der Traum ist eine besondere Form des Denkens im Zustand des Schlafens oder des Halbschlafes. Der Traum eröffnet die Möglichkeit, Gedanken unter den Bedingungen des Schlafes zu produzieren. Im Schlafzustand werden die Gedanken von unbewussten Wunschregungen unterstützt und vom inneren Zensor zugleich kontrolliert, weil sie den inneren Kontrollen des Unbewussten unterworfen sind.

Das Gedachte wird nicht eigentlich gedacht, sondern in Bildern erlebt. Diese erlebten Bilder werden im Traum als volle Realität angesehen. Im Traum spiegeln sich wichtige Erfahrungen des vergangenen Tages: unerledigte Wünsche, Vorsätze, Überlegungen und Warnungen, die auch von der Arbeit an Referaten und Hausarbeiten hervorgerufen werden können.

Träume haben für das kreative Denken als Nacht- und Tagtraum eine wichtige Funktion. Beim Tagträumen wird aber im Unterschied zum Nachttraum die Realität nicht mit der Phantasie gleichgesetzt. Im Tagtraum bleibt also das Ich erhalten. Das Ich wird im Tagtraum vielmehr oft als vollkommenes und gelungenes Ich antizipiert. Tag- und Nachtträume haben so oft wichtige Hinweise für die Arbeit am Thema eines Referats oder einer Hausarbeit parat.

4.1 Inspirierendes Träumen

Wie bei vielen Philosophen wurden auch bei René Descartes (1596-1650), dem Begründer der modernen Philosophie, Träume zur Inspiration seines Denkens. In der Nacht vom 10. zum 11. November 1619 träumte Descartes erst von einem Sturm, der ihn im Kreise dreht, dann von der Auflösung seines Ichs in Feuerfunken, schließlich von Büchern auf seinem Arbeitstisch. Alle folgenden Veröffentlichungen zur Skepsis an sich selbst, an der Welt und an sicheren Erkenntnissen wurden bei Descartes aus diesen Träumen geschöpft. Doch in keiner Veröffentlichung hat Descartes diese wichtigste Nacht seines Lebens erwähnt.

do it
your-
self Übung:

Wenn Sie ein Referat oder eine Hausarbeit schreiben, erst recht bei Diplom- und Doktorarbeiten, dann achten Sie auf Ihre Träume. Schreiben Sie sie am Morgen gleich auf. Prüfen Sie jeweils die Qualität der Traumbeiträge zur Lösung Ihrer Denkprobleme.

Auch Avicenna aus Arabien (980-1037) setzt auf den Traum und seine Kraft des Findens neuer Ideen. *„Viele Fragen"*, sagt Avicenna, *„sind mir im Schlaf klar geworden."*

do it
your-
self Übung:

Welche Fragen für Ihre Hausarbeit können Sie sich vor dem Einschlafen stellen? Welche Antworten auf diese Fragen haben Sie schon am Morgen als Traumangebot erhalten? Schreiben Sie eine Antwort auf.

4.2 Traum als Informationsquelle

Konfuzius (551-479 v.Chr.), der Gründer der chinesischen Philosophie, erkannte im Traum eine wichtige Informationsquelle über sich selbst: *„Wie geht es doch abwärts mit mir. Schon lange ist mir der erfolgreiche Gründer des idealen Staates von Lu nicht mehr im Traum erschienen."* (Konfuzius: Gespräche. Stuttgart 1998; 7,5)

do it
your-
self Übung:

Stellen Sie fest, ob Ihnen der wichtigste Informant Ihres Referats oder Ihrer Hausarbeit schon im Traum erschienen ist und was er zu Ihrem Thema schon gesagt hat.

4.3 Wissenschaftliches Träumen

Sigmund Freud (1856-1939), der Erfinder der Psychoanalyse und der Entdecker des Unbewussten, hat im Rahmen der Arbeit an seinem Buch „Traumdeutung" von 1895-1900 jahrelang seine Träume aufgeschrieben und analysiert. Das Resultat seiner Bemühungen: *„Ein einziger Gedanke von allgemeinem Wert ist mir aufgegangen. Ich habe die Verliebtheit in die Mutter und die Eifersucht gegen den Vater auch bei mir gefunden und halte sie jetzt für ein allgemeines Ereignis früherer Kindheit ... Die griechische Sage vom König Ödipus greift einen Zwang auf, den jeder anerkennt, weil er dessen Zug in sich verspürt hat."* (S. Freud: Aus den Anfängen der Psychoanalyse 1887-1902. Briefe an W. Fließ. Frankfurt 1962, S. 238)

Übung:
Schreiben Sie alle Träume auf, die sich während der Arbeit an Ihrem Thema einstellen. Stellen Sie anhand der aufgeschriebenen Traumserie dann fest, ob Ihnen ein einziger Gedanke von allgemeinem Wert für Ihr Referat auf diese Weise aufgegangen ist. Formulieren Sie diesen Gedanken von allgemeinem Wert aus.

4.4 Aktives Tagträumen

Als sich der Schweizer Tiefenphilosoph C.G. Jung (1875-1961) von seinem Lehrer Sigmund Freud trennte, geriet er in eine tiefe seelische Krise. Jungs Krise begann 1913 mit Weltuntergangsvisionen. Jung hatte Träume, in denen er sich selbst ermordete. Um mit diesen Einbrüchen des Unbewussten fertig zu werden, begann er alle Träume und Visionen aufzuschreiben. Er entwickelte dabei die Methode der aktiven Imagination. Diese Methode arbeitet folgendermaßen: Man schließt die Augen, entspannt sich und stellt sich eine Wiese vor. Dann lässt man seinen Phantasien freien Lauf. Bald werden sich Personen einstellen. Mit diesen Personen führt man lange Phantasiegespräche, die man dann aufschreiben kann. (Vgl. C.G. Jung: Erinnerungen, Träume, Gedanken. Zürich 1963, S. 184)

Aus den Gesprächen mit den Personen, denen C.G. Jung in aktiver Imagination begegnete, mit Namen wie Philemon oder Ka, entstand später C.G. Jungs Tiefenphilosophie der Archetypen. Durch seine Selbstanalyse überwand C.G. Jung nach vier Jahren seine Krise. Über die Erfahrungen mit seiner vierjährigen „Nachtmeerfahrt" handelt dann aber sein gesamtes Werk.

do it your-self Übung:
Versuchen Sie einmal eine kleine aktive Imagination: Schließen Sie die Augen. Stellen Sie sich eine Wiese vor. Gehen Sie ein Stück auf dieser Wiese. Achten Sie auf eine Person, die Ihnen dort begegnet. Reden Sie kurz mit dieser Person über Ihr Referat oder Ihre Hausarbeit. Nehmen Sie dann Ihren leichten Trancezustand zurück. Schreiben Sie Ihre Begegnung auf und geben Sie eine Deutung Ihrer Erlebnisse, bezogen auf Ihr Thema.

4.5 Tag-Träumen als Suche nach dem Besten

Ernst Bloch (1895-1977), der Erfinder des „Prinzips Hoffnung", wurde mit 22 Jahren blitzartig von seiner Grundidee zum Tagtraum getroffen. Der Tagtraum steht in enger Beziehung zur Entwicklung der Zukunft. Im Tagtraum erkennt sich jeder selbst. In den Nachtträumen dagegen versteckt sich jeder vor sich selbst. (Vgl. E. Bloch: Das Prinzip Hoffnung. Frankfurt 1960, Bd. 1) Besonders im Tagtraum *„wird eine eindrucksvolle Grenze überschritten, die ich als Übergangsstelle zum Noch-Nicht-Bewusstsein bezeichne. Mühe, Dunkel, krachendes Eis, Meeresstille und glückliche Fahrt liegen um diese Stelle. An ihr hebt sich, bei gelingendem Durchbruch, das Land, wo noch niemand war."* (E. Bloch: Über Eigenes selbst. In: Morgenblatt des Suhrkamp-Verlages. Nr. 14 vom 2. November 1959, S. 2)

Übung:
Praktizieren Sie in Blochs Sinne eine Zukunftswerkstatt auf
der Basis Ihrer Tagträume zu Ihrem Referat oder Ihrer Hausarbeit in drei Schritten:

Kleine Zukunftswerkstatt

1. Schritt:	Beschreiben Sie den Ist-Zustand Ihres Referats/ Ihrer Hausarbeit in drei Sätzen
2. Schritt:	Beschreiben Sie den zukünftigen Soll-Zustand Ihres Referates/Ihrer Hausarbeit in einer Minute Freewriting.
3. Schritt:	Umsetzung des Soll-Zustandes in die Realität, konkret in den nächsten drei Wochen. Schreiben Sie drei Arbeitspunkte mit einem genauen Zeitplan der Umsetzung nieder.

4.6   Tagträumen als Denktrost

Walter Benjamin (1892-1940), deutscher Sozialphilosoph und das
geheime Haupt der Frankfurter Schule um Adorno und Horkheimer,
wollte die übliche Trennung von Tagtraum und Realität nicht gel-
ten lassen. *„Ob sich nicht das Gefallen am Tagtraum aus einem
düsteren Trotz gegen das Wissen nährt?"* fragt er, und fährt fort:
*„Ich sehe in die Landschaft hinaus: Da liegt ein Meer in seiner
Bucht spiegelglatt. Wälder ziehen sich als unbewegliche stumme
Masse an der Kuppe des Berges heraus: droben verfallene
Schlossruinen, wie sie schon vor Jahrhunderten gestanden haben,
der Himmel strahlt wolkenlos, in ewiger Bläue. So will es der
Träumer ... Er muss vergessen, um sich den Bildern zu überlassen.
An ihnen hat er Ruhe, Ewigkeit ... Aber jede Ferne baut seinen
Traum wieder auf. An jede Wolkenwand steht er gelehnt, an je-
dem erleuchteten Fenster erglimmt seine Phantasie von neuem."*
(O.A. Böhmer: Neue Sternstunden der Philosophie. München 1995,
S. 142

do it
your-
self

Übung:

Von Zeit zu Zeit sollten Sie das Thema Ihres Referats tagträumen. Überlassen Sie sich hin und wieder den Bildern Ihres Themas. Lehnen Sie sich an eine geträumte Wolkenwand und bauen Sie Ihren Traum vom Referat wieder auf. Vergessen Sie nicht, die dabei gewonnenen Einsichten für Ihr Referat zu notieren.

4.7 Großartige Tagträume bei Denkblockaden

Oswald Spengler (1880-1936), der bekannte Verfasser des Buches „Der Untergang des Abendlandes", hat sich sehr leicht die Methode des Tagträumens beigebracht. *„Wachträume sind mir heute noch etwas Alltägliches. Ich sitze im Sessel und denke an irgendeine Landschaft."* (O. Spengler: Unveröffentlichte Autobiographie. In: Spengler-Archiv. München, S. 130)

Seine Tagträume kreisten aber auch um eine großartige persönliche Zukunft. *„Ich habe schon als Kind die Idee in mir getragen, ich müsste eine Art Messias werden, eine neue Sonnenreligion stiften, ein neues Weltreich gründen, ein Zauberland ... eine neue Weltanschauung, das war zu 9/10 der Inhalt meiner Tagträume."* (O. Spengler, a.a.O., S. 124)

do it
your-
self

Übung:

Beobachten Sie Ihre großartigen Tagträume bei der Arbeit an Ihrem Thema. Je großartiger diese Träume sind, die Sie mit dem Thema verbinden, umso schneller werden Sie in Denkblockaden geraten.

Sie sollten deshalb die Tagträume aufschreiben und ihren Ursprung, wie es Spengler getan hat, in der Kindheit als Kompensation kindlicher Ohnmacht analysieren und entkräften.

Auch Spengler hat nur so seine massiven Denkblockaden aufheben können.

4.8 Rettungsträume bei Denkblockaden

Max Horkheimer (1895-1973), der Begründer der „Frankfurter Schule", wurde durch Hitler aus Deutschland gejagt. Er hat alle Entwertungen des Menschen durch den Menschen erfahren. Er schreibt von einer Lösung aller Entwertung: *„Wenn einer ganz tief unten ist, einer Ewigkeit von Qual, die ihm andere Menschen bereiten, ausgesetzt, so hegt er, wie ein erlösendes Wunschbild, den Gedanken, dass einer komme, der im Licht steht und ihm Wahrheit und Gerechtigkeit widerfahren lässt."* (M. Horkheimer: Dämmerung. Zürich 1934, S. 272)

Sollten Sie von den Schwierigkeiten Ihres Themas niedergedrückt worden sein, so verfahren Sie folgendermaßen:

Übung 1:   **do it your-self**
Tagträumen Sie von einem Retter. Führen Sie in Gedanken ein Gespräch mit diesem Retter. Berücksichtigen Sie dann dieses Gespräch bei der Themenbearbeitung.

Übung 2:   **do it your-self**
Stellen Sie sich vor, was für ein Paradies die Welt für Sie ist, wenn Sie das Referat gehalten haben. Vielleicht hilft diese Annäherung an ein kleines Glück, den Fluss der Ideen zur Erfassung des Referats zu beschleunigen.

4.9 Tag-Träumen als Entlastung

Wenn der bekannte Religionsphilosoph Mircea Eliade (1907-1986) eine belastende Denkaufgabe vor sich hatte, ging er folgendermaßen vor: *„Ich legte mich ins Bett, schloss die Augen und versetzte mich in eine jener Welten, die mich faszinierten … Ägypten, Mesopotamien, Indien zur Zeit der Veden oder das Griechenland der orphischen Mysterien … Wenn ich nach einer solchen Geistesübung zu mir kam, war es mir völlig gleichgültig, was mir … gerade als Denkaufgabe bevorstand."* (M. Eliade: Erinnerungen. Frankfurt 1987, S. 132)

do it
your -
self

Übung:

Denken Sie jetzt nicht an das Thema Ihres Aufsatzes. Legen Sie sich ins Bett. Tagträumen Sie von Ihrer Ideal-Kultur. Entspannen Sie sich. Kommen Sie wieder in die Gegenwart zurück. Fassen Sie nun neue Ideen für Ihr Referat oder Ihre Hausarbeit.

Literatur zum Träumen

Berth, F.D.: Tagträumen. München 1998
Historisches Wörterbuch der Philosophie. Darmstadt 1998, Bd. 10, Sp. 1461-1473
Vedfelt, O.: Dimensionen der Träume. Zürich, 1997

5. Imaginieren

Imaginieren oder kreatives Visualisieren ist eine wichtige Denkmethode. Sie wird im Alltag schon immer angewandt, wenn man sich irgendetwas vorstellt, was man im Augenblick nicht sieht. So kann man sich leicht vorstellen, ob man beim Verlassen der Wohnung den Herd ausgemacht hat oder wie die eigene Haustür aussieht oder wie ein Fest eine Woche später zu feiern ist. Oft entwickeln wir auch negative Imaginationen, die das Leben belasten. Wichtig für die Ideenfindung sind aber die positiven Imaginationen.

Bei der Imagination benutzt man seine Vorstellungskraft, um ein klares Bild von etwas zu erzeugen, dessen Manifestation für einen wichtig ist. Dabei sollte man sich immer wieder auf ein derartiges inneres Bild konzentrieren.

Das Ziel der Imagination im Denken ist das Erzeugen von Ideen aus einer Vielzahl von Kenntnissen. Der Denkende hat zuerst viele Teilerkenntnisse, dann schafft er in der Imagination eine Idee und dann eine Thesenreihe für seine Hausarbeit bzw. sein Referat.

Beim philosophischen Imaginieren kann man folgende vier Schritte unterscheiden:
1. Sammeln Sie Erkenntnisse.
2. Stellen Sie sich die Fülle der Erkenntnisse vor.
3. Gewinnen Sie ein zentrales Bild der Ordnung der Erkenntnisse.
4. Geben Sie diesem Bild positive Energie für seine weitere Entfaltung, indem Sie sich dieses Bild öfters vorstellen.

5.1 Visionieren

Platon (427-347 v.Chr.), das Haupt der griechischen Philosophie, stellte fest, dass vieles gesehen, aber nicht gedacht wird und vieles gedacht, aber nicht gesehen wird.

Wahre Erkenntnis ist dann für den Neuplatoniker Plotin (204-270 n.Chr.) nur in der Schau bei geschlossenen Augen möglich. Die philosophische Vision bedeutet das Überschreiten aller Affirmationen und Negationen. Die philosophische Vision überschreitet jedes willentliche Sehen. Die wirkliche Erkenntnis verlangt nach Plotin ein Sehen durch Nicht-Sehen.

Für Immanuel Kant (1724-1804), dem großen Kritiker der Erkenntnis, kann es in der Vision zu einer Zusammenfassung der Vielheit in der Einheit kommen.

do it
your -
self

Übung:

Schließen Sie die Augen. Stellen Sie sich die Vielheit der Erkenntnisse Ihres Referats als Einheit vor. Seien Sie nicht überrascht, wenn Sie nun etwas als Einheit sehen, das Sie vorher nicht gesehen haben.

5.2 Intellektuelle Anschauung

Im deutschen Idealismus bei J.G. Fichte (1762-1814) und F.W.J. Schelling (1775-1854) wird die „intellektuelle Anschauung" eine zentrale Methode, um absolute Erkenntnisse zu gewinnen. Für Fichte ist die intellektuelle Anschauung die Quelle des Lebens. Diese Anschauung *„muss jeder in sich selber finden, oder er wird sie nie kennen lernen."* (J.G. Fichte: Werke. Berlin 1845, Bd. 1, S. 463) Für F.W.J. Schelling ist die intellektuelle Anschauung „die unmittelbar anschauende Erkenntnis." Bei dieser Anschauung wird die Vernunft von dem Licht innerer Bilder erleuchtet. *„Da aber Vernunft hier das Erkennende ist, so ist diese Anschauung eine Vernunft, oder, wie sie auch sonst genannt wird, eine intellektuelle Anschauung."* (F.W.J. Schelling: Werke. Leipzig 1856-61, Bd. 6, S. 153)

Bei dem romantischen Philosophen <u>Novalis</u> (1772-1801) entsteht die „intellektuelle Anschauung" als Wechselbeziehung von Gefühl und Reflektion. Das Gefühl gibt den Stoff der intellektuellen Anschauung. Die Reflektion gibt die Formen, so dass die Vernunft an der Entstehung der Anschauung mitarbeiten kann. (Vgl. Novalis. Schriften. Heidelberg 1929, Bd. 2, S. 350)

Übung: do it
Schließen Sie die Augen. Stellen Sie sich die zentralen Begriffe Ihres Referats als Symbole oder innere Bilder vor. Entwickeln Sie aus diesen inneren Bildern vernünftige Sätze der Erkenntnis zum Thema Ihres Referats. Schreiben Sie die erkannten Sätze auf.

5.3   Imaginieren

<u>F.W.J. Schelling</u> (1775-1854) versteht Imagination als Kraft, die in das Herz der Gegenstände eindringt, und die als Geist auf die Gegenstände der Natur einwirkt. Die schöpferische Fähigkeit der Imagination ist die Potenz, in dem Chaos des angehäuften Wissens eine Ordnung zu erkennen. Durch die Verwandlung von Chaos in Ordnung wird die Erkenntnis durch Imagination überhaupt erst sinnvoll.

Übung: do it
Schließen Sie die Augen. Stellen Sie sich alle Kenntnisse, die Sie für Ihr Referat gesammelt haben, in Kurzform vor Ihrem geistigen Auge vor. Stellen Sie fest, ob sich dabei eine Ordnung erkennen lässt. Beschreiben Sie nach einer gelungenen Imagination diese Ordnung.

5.4   Yogisches Imaginieren

<u>Sri Aurobindo</u> (1872-1950) entwickelte im indischen Pondicherry den „integralen Yoga". Dieser Yoga beinhaltet auch die Imaginati-

on von bedeutenden Symbolen, wie die Sonne, den Mond, den Stern, das Meer, den Berg, den Fluss, den Baum, den Lotus und die Schlange. (Vgl. S. Aurobindo: Der integrale Yoga. Reinbek 1993, S. 95)

do it your-self Übung:
Nehmen Sie sich Ihr Thema vor. Setzen Sie für alle wichtigen Begriffe des Themas entsprechende Symbole ein. Imaginieren Sie bei geschlossenen Augen die gewählten Symbole. Stellen Sie fest, was diese Symbole zu Ihrem Thema zu sagen haben.

5.5 Imagination bei Denkblockaden

Michel Foucault (1926-1984), der bekannteste Entdecker einer philosophischen Lebenskunst aus Frankreich, hielt viel von antiken Imaginationstechniken. So preist er auch den schon in der Antike bekannten Rückzug aus dem Alltag. *„Auch kann man von Zeit zu Zeit seine gewöhnlichen Geschäfte unterbrechen und sich zurückziehen ... Das ermöglicht es einem ... sich auf seine Vergangenheit zu besinnen, sich das verflossene Leben als Ganzes vorzustellen."* (M. Foucault: Die Sorge um sich. Frankfurt 1986, S. 70)

do it your-self Übung:
Geben Sie die Arbeit an Ihrem Referat für zwei Tage auf. Fahren Sie in die Einsamkeit. Stellen Sie sich dort die ganze Geschichte Ihrer Arbeit an dem Referat vor. Entwerfen Sie dann die fehlenden Abschnitte des Referats.

Literatur zum Imaginieren
Historisches Wörterbuch der Philosophie. Bd. 1, 1971, Sp. 349-351
Historisches Wörterbuch der Philosophie. Bd. 4, 1976, Sp. 217-220
Historisches Wörterbuch der Philosophie. Bd. 11, 2001, Sp. 1068-1071

Paul, J.: *Vorschule der Ästhetik*. Hrsg. N. Miller. Hamburg 1963, S. 47ff.

Beierwaltes, W.: *Visio facialis*. Frankfurt 1988

Hühn, L.: *Fichte und Schelling*. München 1994

Sandkühler, H.J. (Hrsg.): *Enzyklopädie Philosophie*. Hamburg 1999, Bd. 1, S. 643-646

Stolzenberg, J.: *Fichtes Begriff der intellektuellen Anschauung*. Stuttgart 1986

6.   Selbstgespräche führen

Seit der Antike wird Denken als Selbstgespräch verstanden, so auch bei Platon. Das Mit-Sich-Sprechen erscheint als wichtiges Medium des Denkens. Dieses Denken geschieht oft in der Einsamkeit und zeigt, dass der Denkende in sich gegangen ist und Distanz zur Welt gewonnen hat.

Im Selbstgespräch kommt es auch zur kritischen Abrechnung mit den eigenen Gedanken. In längeren Selbstgesprächen kommt es zur Ich-Spaltung: Ich 1 führt die Rede, Ich 2 die Gegenrede. Innere Erregung und tiefes Nachdenken äußern sich ganz spontan im Reden mit sich selbst.

Das Überführen der inneren Rede über ein Thema in einen äußeren Text stellt einen wichtigen Schritt in der Abfassung eines Referates oder einer Hausarbeit dar. (Vgl. Wygotski, L.S.: Denken und Sprechen. Frankfurt 1969)

6.1   Selbstgespräche bewusst machen

do it your-self   Übung:

Beobachten Sie Ihre alltäglichen Selbstgespräche bewusster. Stellen Sie fest, was für Grundgedanken sich häufig im Selbstgespräch über Ihr Referat oder Ihre Hausarbeit bei Ihnen spontan einstellen. Achten Sie darauf, was für Einfälle Ihr Selbstgespräch produziert: kurz vor dem richtigen Aufwachen, noch im Halbschlaf oder kurz vor dem Einschlafen, beim Dösen nach dem Essen am Mittag, beim Duschen unter der Brause, beim Joggen usw. Listen Sie die freien Einfälle auf, die Sie im Laufe des heutigen Tages im Selbstgespräch über Ihr Thema gefunden haben.

Sie werden sich über Ihren Gedankenreichtum im Selbstgespräch wundern. Ordnen Sie Ihre Einfälle und benutzen Sie sie für die weitere Arbeit an Ihrem Thema.

6.2 Selbstgespräch über Grundlagen

Der chinesische Philosoph Konfuzius (551-479 v.Chr.), auf dem die gesamte chinesische Philosophie basiert, versuchte im Selbstgespräch die Grundlagen der Philosophie zu ergründen. Er berichtet: *„Ich habe schon Tag und Nacht über die gerechte Art zu leben nachgedacht, nichts gegessen und nicht geschlafen. Ich versuchte selbst darauf zu kommen. Das hat aber keinen Nutzen. Besser ist es, von anderen zu lernen."* (Konfuzius: Gespräche. Stuttgart 1998, 16, 31)

Übung: **do it your-self**
Nach vielen ergebnislosen Selbstgesprächen über das Thema Ihres Referates sollten Sie nun genau prüfen, von wem Sie über Ihr Thema etwas lernen können. Listen Sie diese neuen Quellen zu Ihrem Thema auf.

6.3 Dämonische Selbstgespräche

Mit Sokrates (469-399 v.Chr.), dem Lehrer Platons und dem Erfinder des philosophischen Dialogs auf dem Marktplatz, erweitert sich die Geschichte der Selbstbefragung. Sokrates stützte sich beim Selbstgespräch immer auf eine innere Stimme. In seiner Verteidigung vor dem Gericht, das ihn zum Tode durch den Schierlingsbecher verurteilte, sagte er über seinen inneren Dialog folgendes: *„Mir aber ist dieses von meiner Kindheit an geschehen, eine Stimme nämlich, welche jedes Mal, wenn sie sich hören lässt, mir von etwas abredet, was ich tun will, zugeredet hat sie mir nie."* (Platon: Apologie. In: Ders.: Werke. Reinbek 1960, Bd. 1, S. 22)

Übung: **do it your-self**
Schreiben Sie auf, wovon Ihnen Ihr Gewissen bei der Arbeit an einem Referat oder einer Hausarbeit abrät und abgeraten hat. Stellen Sie auch fest, was wohl die Gründe des Abratens gewesen sein könnten.

6.4 Pragmatisches Selbstgespräch

Für Epiktet (50-120 n.Chr.), dem stoischen Sklaven-Philosophen, sollte jeder Philosoph beim Selbstgespräch die Machtfrage stellen. Er sollte sich fragen: Steht das, was ich gerade im inneren Dialog verhandele, in meiner Macht oder nicht? Steht es nicht in meiner Macht, sollte ich es fallen lassen, steht es in meiner Macht, sollte ich mich mit ihm weiter befassen. (Vgl. Epiktet u.a.: Wege zum Glück. München 1991, S. 17)

do it
your-
self Übung:
Klären Sie im Selbstgespräch, was im Hinblick auf Ihr Thema in Ihrer Macht steht und was nicht. Was Sie im Hinblick auf Ihr Thema und Ihre Arbeitszeit nicht leisten können, sollten Sie gleich vergessen.

6.5 Gelenktes Selbstgespräch

Der arabische Philosoph Mansur Al-Halladsch (858-922 n.Chr.) entwickelte das gelenkte Selbstgespräch. Nachts rezitierte er in zwei Einheiten den ganzen Koran auswendig. Am Tag rezitierte er dann den ganzen Koran in 100 Abschnitten. An die Stelle der Konzentration auf den wichtigsten Gedanken im Selbstgespräch, setzte Al-Halladsch den gelenkten Monolog eines Schlüsseltextes.

do it
your-
self Übung:
Wählen Sie für Ihr Referat einen kürzeren Schlüsseltext aus. Versuchen Sie, ihn auswendig zu lernen. Rezitieren Sie ihn dann dreimal die Woche. Schreiben Sie dann die damit gewonnenen Erkenntnisse nieder.

6.6 Klärendes Selbstgespräch

Der Zweck der Philosophie ist bei Ludwig Wittgenstein die logische Selbstklärung der Gedanken. Die Philosophie ist für ihn keine Lehre, sondern Denktätigkeit. Das Resultat der Philosophie sind nicht philosophische Sätze, sondern das Klären von Sätzen. In der Philosophie führt deshalb die Frage „*Wozu gebrauchen wir eigentlich jenes Wort, jenen Satz?*" *immer wieder zu wertvollen Einsichten.*" (L. Wittgenstein: Tractatus logico-philosophicus. Frankfurt 1963, S. 102)

Übung: **do it your-self**
Schreiben Sie Ihr Thema fünfmal hintereinander auf. Versuchen Sie dabei das Thema von Mal zu Mal schärfer und klarer zu fassen. Betrachten Sie dann Ihre klarste Formulierung Ihres Themas und begründen Sie, warum Sie jedes Wort in Ihrem Thema benutzt haben. Fragen Sie, was das eigentliche Ziel Ihres Themas war und geben Sie gleich eine Antwort.

6.7 Vom äußeren zum inneren Gespräch

Anna Freud (1895-1982), die berühmte Tochter Sigmund Freuds, entwickelte „*ihre Ideen bei Vorträgen, um danach die Gedanken in einem Zug und praktisch ohne Korrekturen niederzuschreiben.*" (U.H. Peters: Anna Freud. Frankfurt 1984, S. 139)

Übung: **do it your-self**
Halten Sie jetzt über Ihr Thema in einem lautlosen Selbstgespräch eine kleine Rede. Stellen Sie sich dabei auch die Adressaten Ihres Referates vor. Schreiben Sie nach dem Selbstgespräch Ihre Rede in einem Zug ohne Korrekturen nieder.

6.8 Denken als Selbstgespräch

Hannah Arendt (1906-1975), die Erforscherin der Ursprünge des deutschen Systems der Konzentrationslager, versteht Denken als Selbstgespräch. Sie stellt fest:

„ - *Das Denken ist die stumme Zwiesprache des Ichs mit sich selbst.*

- *Das Denken will ständig denken. Es will die selbstgewählte Einsamkeit der inneren Zwiesprache.*

- *Das Denken ist im Zwiegespräch im Nirgendwo. Der Denkort des Zwiegesprächs ist das Nirgends. Die Denkzeit des Zwiegesprächs ist die Ewigkeit.“*

(H. Arendt: Vom Leben des Geistes. München 1993, Bd. 1, S. 193ff.)

do it yourself Übung:
Stellen Sie fest, wo Sie sind, wenn Sie in innerer Zwiesprache über Ihr Referat nachdenken. Stellen Sie auch fest, was Sie in innerer Zwiesprache über Ihr Referat denken. Schreiben Sie diese Ideen auf.

6.9 Griechische Selbstgespräche bei Denkblockaden

Das antike Selbstgespräch der <u>griechischen Philosophen</u>, das leise oder laut geführt wurde, entwickelte viele Techniken: *„Akte der Beherzigung und Bedenkung, vorbereitende Gedanken, Hilfsgedanken für kritische Denksituationen, Prozeduren der Wissensprüfung, der Selbstbeobachtung, Selbstbesinnung und der Selbsttröstung.“* (P. Rabbow: Seelenführung. München 1954, S. 196)

do it yourself Übung:
Klären Sie, welche Fragen im Selbstgespräch Ihnen bei der Findung von Ideen zum Thema hilfreich sein können. Z.B.:
1. Was sollte ich niemals vergessen?
2. Was sollte ich besonders bedenken?
3. Wie kann ich mein Denken in Schwung bringen?
4. Welche Gedanken helfen mir bei Denkblockaden?
5. Wie prüfe ich mein bisheriges Wissen?
6. Was sagt meine Selbstbeobachtung zum Thema?
7. Wie finde ich Muße für neue Ideen?
8. Wie kann ich mich bei Denkengpässen trösten?

6.10 Phantasiegespräche bei Denkblockaden

C.G. Jung (1875-1961), der Schweizer Tiefenphilosoph, entdeckte den dämonischen Dialog in der sokratischen Tradition neu. *„Bald tauchte eine Phantasiegestalt aus dem Unbewussten auf. Ich nannte sie Philemon. Philemon war Heide und brachte eine ägyptisch-hellenistische Stimmung in gnostischer Färbung herauf. Ich führte Phantasiegespräche mit ihm und er sprach Dinge aus, die ich nicht bewusst gedacht hatte."* (C.G. Jung: Erinnerungen, Träume, Gedanken. Zürich 1962, S. 186)

Übung: **do it**
Schließen Sie die Augen. Geben Sie Ihrem inneren Alter-   **your-**
Ego einen philosophischen Namen. Führen Sie den Dialog   **self**
mit ihm schriftlich. Schreiben Sie mit der schreibgewohnten (rechten) Hand eine Frage zu Ihrem Referat auf und lassen Sie sie von Ihrem inneren Philosophen beantworten, indem Sie mit der schreibungewohnten (linken) Hand seine Antworten sogleich notieren.

Literatur zum Selbstgespräch
Burnham, C.C.: Writing from the Inside out. San Diego 1989
Foucault, M.: Sorge um sich selbst. Frankfurt 1992
Hadot, P.: Philosophie als Lebensform. Berlin 1991
Historisches Wörterbuch der Philosophie. Darmstadt 1995, Bd. 9,
    Sp. 386-392, Sp. 330-335, Sp. 406-40
Rabbow, P.: Seelenführung. München 1956
Wygotski, L.S.: Denken und Sprechen. Frankfurt 1969

7. Mit Gedanken experimentieren

Das Gedankenexperiment ist eine seit den Anfängen der Philosophie bekannte Methode des kreativen Denkens, um neue Ideen zu finden. Oft werden Gedankenexperimente in philosophischen Schriften mit folgenden Redewendungen eingeleitet: „Nehmen wir an ..." „Stellen wir uns vor ..." „Denk dir ..."

H.-L. Freese, der von Gedankenexperimenten sehr viel hält, schreibt: *„Das Experiment ist ein kreatives Spiel mit Gegebenem ... Gedankenexperimente sind Ausflüge der Phantasie und des Verstandes in mögliche Welten ... In der Philosophie stellen Gedankenexperimente ... die Erkenntnismethode schlechthin dar. Philosophieren heißt, mit Gedanken spielen und experimentieren ... Mit Hilfe von Gedankenexperimenten lassen sich neue Fragen stellen, Beweisführungen entwickeln, implizite Annahmen aufdecken, Folgen von Setzungen durchspielen, Zusammenhänge aufklären, allgemeine Prinzipien demonstrieren, Denkmöglichkeiten explorieren ... Die Philosophie bietet das Training in Flexibilität, das Spiel mit Gedanken."* (H.-L. Freese: Abenteuer im Kopf. Philosophische Gedankenexperimente. Weinheim 1995, S. 21-33)

7.1 Gedankenordnung

<u>Buddha</u> (563-483 v.Chr.), der Entdecker des achtfachen Pfades zur Erlösung vom Leid der Welt, hielt viel von Gedankenordnung. Er empfahl die Konzentration auf nützliche Gedanken und die Abwehr falscher Gedanken, die Abschwächung falscher Gedanken und die Verdrängung falscher Gedanken. *„Wer sein Denken so in seine Gewalt bringt, den nennt man einen Meister der Gedankenüberwachung."* (Buddha: Reden. Reinbek 1961, S. 67f.)

Übung:
Ordnen Sie Ihre Gedanken zu Ihrer Hausarbeit in solche, die nützlich für diese Hausarbeit sind und in solche, die schädlich sind. Legen Sie dafür zwei Spalten an: Nützliche Gedanken – Schädliche Gedanken. Die nützlichen Gedanken sollten Sie dann durch häufiges Andenken vertiefen, die schädlichen Gedanken sollten verdrängt werden.

7.2 Gedanken sich widersprechen lassen

<u>Dschuang Dsi</u> (350-280 v.Chr.), der große chinesische Taoist, stellte fest, dass sich alle Gedanken widersprechen. Es gibt deshalb in der Philosophie einen aussichtslosen Streit: *„Was der andere verneint, bejaht man, was jener bejaht, verneint man ... Wenn zwei sich streiten, hat einer von uns Recht und einer Unrecht oder haben beide Recht oder haben beide Unrecht?"* (Dschuang Dsi: Das wahre Buch vom südlichen Blütenland. Düsseldorf 1982, S. 51)

Übung:
Stellen Sie fest, welche kontroversen Meinungen zu Ihrem Thema bestehen. Entwickeln Sie dann eine Gliederung zu Ihrem Thema, die alle streitenden Meinungen zu Ihrem Thema ordnet. Dabei ist die Darstellung sich widerstreitender Meinungen zu Ihrem Thema sehr fruchtbar.

7.3 Den Denktypus wechseln

Für <u>William James</u> (1842-1910), den amerikanischen Pragmatiker, sind existentielle Erfahrungen die Basis für das eigene Denken. James unterscheidet drei Typen von existentiellem Denken:
1. **Der robuste Typ:** Er betrachtet die Welt optimistisch.
2. **Die kranke Seele:** Sie übertreibt die Übel der Welt und sieht überall Tod und Verfall.

3. **Das geteilte Selbst:** Für diesen Typ ist das Leben ein langes Drama, ein angestrengter Versuch, ständig Pannen und Fehler zu reparieren.

(W. James: Die Vielfalt religiöser Erfahrungen. Zürich 1982, S. 88, 162, 168)

do it your-self Übung:

Betrachten Sie Ihr Thema einmal aus drei verschiedenen Weltanschauungsperspektiven. Schreiben Sie Ihr Referat in Kurzfassung von einer Seite einmal als „robuster Typ", als „kranke Seele" und schließlich als „geteiltes Selbst". Vielleicht finden Sie dabei neue Ideen.

7.4 Denklust am Untergang

Ulrich Horstmann (*1949), der Denker des Endes der Menschheit, experimentiert mit dem Denken des Extremen. *„Eine der wundersamsten Denkfiguren entsteht dann, wenn sich der Intellekt selbst wegdenkt und aus der Welt verschwinden lässt. Den Affekt, den diese nur für Fortgeschrittene zu empfehlende Übung begleitet, nannten wir Denklust am Untergang."* (W.D. Rehfus (Hrsg.): Die Apokalypse denken. Langenfeld 1989, S. 49) Mit dieser Methode erschloss sich Horstmann die Reise in die Nachgeschichte der Menschheit, nachdem diese untergegangen ist. Basis dieser Denkreise war sein Gehirn. *„Der Kopf ist ein unerhörter Apparat, eine Weltzertrümmerungsmaschine und zugleich ein Weltüberholungs- und Welterneuerungssimulator ... Dem Gruselkabinett der Menschenwelt zu entrinnen, vermögen wir nur noch im Kopf, nicht im Jumbo, sondern allein auf den Flügeln der Phantasie."* (W.D. Rehfus, a.a.O., S. 45)

do it your-self Übung:

Lassen Sie einmal in Ihrem Kopf die Welt verschwinden. Stellen Sie fest, ob Ihr Referat damit überflüssig wird oder ob sich nun die eigentliche Bedeutung Ihres Referats zeigt.

Falls das Referat sich völlig entwertet, sollten Sie sich vielleicht ein neues Thema suchen, das weltuntergangsfest ist.

7.5 Gedankenexperimente bei Denkblockaden

Heute lassen sich folgende Typen von Gedankenexperimenten unterscheiden:

1. **Die gesellschaftliche Utopie:** Thomas Morus stellt in seinem Buch „Utopia" eine Gesellschaft ohne Privateigentum vor. Der amerikanische Philosoph Skinner entwirft in „Futurum 2" eine Gesellschaft ohne Aggression. Callenbach schildert in seinem Roman „Ökotopia" eine ökologisch stabile Gesellschaft.

2. **Die Umkehrung von Theorien:** Kopernikus kehrte Ptolemäus um: Aus der Erde als Mittelpunkt des Kosmos wurde ein unbedeutender Planet. Marx wendete die idealistische Dialektik von Hegel materialistisch: Aus dem Kampf von Ideen wurde der Kampf der Klassen.

3. **Spiele:** Rollenspiele können, modellhaft verkleinert, philosophische Probleme in Szene setzen.

Solche Gedankenexperimente sind oft ein gutes Mittel gegen kognitive und emotionelle Denkblockaden beim Arbeiten an Referaten.

Übung:
Experimentieren Sie mit dem Thema Ihres Referats. Entwerfen Sie eine utopische Lösung Ihres Themas. Kehren Sie mal die Haupttheorien zu Ihrem Thema einfach um. Inszenieren Sie ein Rollenspiel, in dem das Hauptproblem Ihres Themas dramatisiert wird.

do it your-self

Literatur zum Gedankenexperiment
Bencivenga, E.: Spiele mit der Philosophie. Berlin 1992
Buschlinger, W.: Denkkapriolen? Gedankenexperimente in Naturwissenschaft, Ethik and Philosophy of Mind. Würzburg 1993

Cam, P.: Zusammen nachdenken. Philosophische Fragestellungen für Kinder und Jugendliche. Mülheim 1996

Freese, H.-L.: Abenteuer im Kopf. Philosophische Gedankenexperimente. Berlin 1995

Häggqvist, S.: Thought Experiments in Philosophy. Stockholm 1996

Lenk, H.: Kreative Aufstiege. Zur Philosophie und Psychologie der Kreativität. Frankfurt 2000, S. 293-300

Sandkühler, H.J.: Enzyklopädie Philosophie. Hamburg 1999, Bd. 1, S. 415-417

Sorensen, R.A.: Thought Experiments. New York 1992

Wenzel, M.: Philosophische Spiele für Groß und Klein. München 1995

8. Erfahrungen machen

In der Philosophie ist Erfahrung die Grundlage allen Denkens. Auf Erfahrung muss das Denken zurückgreifen, allerdings darf es bei der Erfahrung nicht stehen bleiben. Zu wissenschaftlichen Zwecken wird die Erfahrung vielmehr geordnet, verglichen, verknüpft, berichtigt und ergänzt. Die so erweiterte Erfahrung gibt niemals strenge, sondern nur relative verallgemeinerbare Erkenntnisse. Die Erweiterung der Erkenntnisse setzt deshalb auch eine Erweiterung der Erfahrung voraus. Nur durch Erfahrung erhalten Begriffe Realität. Schlüsse, die über den Bereich der Erfahrung hinaus gehen, bleiben leider immer etwas problematisch.

Allerdings sind Lebenserfahrungen von existentieller Bedeutung. Sie entstehen aus Enttäuschungen, und aus den Enttäuschungen entwickeln sich dann Einstellungsveränderungen der Person. Lebenserfahrungen werden nur durch neue Erfahrungen relativiert. Eine alte Interpretation wird dann durch eine neue ersetzt. (Vgl. O.F. Bollnow: Philosophie der Erkenntnis. Stuttgart 1970)

8.1 Erfahrungsurteile überprüfen

Der chinesische Philosoph Mo Ti (4. Jahrh.v.Chr.) stellte fest, dass sich Erfahrungen in Glaubenssätzen niederschlagen. Diese Glaubenssätze sind oft hinderlich beim Machen von neuen Erfahrungen, weil sie als Vorurteile wirken und alles Neue unter das Alte unterordnen. Deshalb entwickelte Mo Ti folgende Methode der Überprüfung aller Urteile. Jedes Urteil muss für Mo Ti in dreifacher Hinsicht überprüft werden (Mo Ti: Von der Liebe des Himmels zu den Menschen. München 1992, S. 200 f.):

1. Woher stammt das Urteil?
2. Wie wird das Urteil begründet?
3. Welche praktischen Folgen hat das Urteil?

Übung:

Schreiben Sie Ihre wichtigsten Glaubenssätze zum Thema Ihrer Hausarbeit auf. Überprüfen Sie diese Glaubenssätze dadurch, dass Sie jeden Glaubenssatz dreifach hinterfragen:

1. Woher stammt dieser Glaubenssatz?
2. Wie wird dieser Glaubenssatz begründet?
3. Welche praktischen Folgen hat dieser Glaubenssatz?

Aus den gewonnenen Antworten können wichtige Elemente Ihres Referates entstehen.

8.2 Geordnetes Denken

Mit Francis Bacon (1561-1626) beginnt die moderne Wissenschaft. Er setzt sich als Renaissance-Philosoph von der mittelalterlichen Philosophie ab: Sie habe Welterkenntnis und religiöses Heil nur vermischt. Seine philosophischen Zeitgenossen gaben sich für Bacon zu sehr der Phantasie hin und entwickelten keine Methode sicherer Erkenntnis. Bacon setzt dagegen auf den Vorrang der Erfahrung und des Experimentes und schätzt die Beachtung und Nachahmung der Tradition gering ein. Die Nützlichkeit von Erkenntnissen war ihm viel wichtiger als die Geschlossenheit von gesamten Systemen. Er strebte nach einer Verbesserung der Erkenntnismethode, ohne sich viel um die Analyse des Erkenntnisvermögens zu kümmern. Bacon schrieb deshalb in Aphorismen und Fragmenten. Er entwickelte erste Ansätze einer Erkenntnismethode, von der er annahm, dass andere, die nach ihm kämen, sie weiterentwickeln würden.

Bacons Methode beginnt auf einem einfachen Niveau. Der einfache Erkenntnisprozess umfasst nach Bacon vier Schritte.

1. Erfahrung
2. Erkenntnisse
3. Neue Erfahrung
4. Erweiterte Kenntnisse

Fassen wir diese Logik der Forschung in eine Formel, so ergibt sich folgendes Bild:

E 1 – T 1 – E 2 – T 2 (E = Erfahrung, T = Theorie)

Übung:

do it your-self

Dieses einfache Erkenntnisproblem wollen wir einmal praktisch durchspielen. Sie wählen zu diesem Zweck Ihr Thema, schreiben dann die ersten Erfahrungen, formulieren diese Erfahrungen dann in einer ersten Erkenntnis, nehmen dann eine zweite Erfahrung zu Ihrem Thema hinzu, formulieren auch sie und beschreiben dann eine zweite Erkenntnis zu Ihrem Thema. Für diesen Prozess benutzen Sie folgendes Raster:

Erfahrung 1	Erkenntnis 1	Erfahrung 2	Erkenntnis 2

Bacon hat diese Forschungsmethode weiterentwickelt und ein Modell der Logik der Forschung geschaffen, das in der induktiven Forschungslogik des 20. Jahrhunderts von J.S. Mill, Carnap, Stegmüller und Popper aufgenommen wurde.

Dieses entwickelte Forschungsmodell unterscheidet vier Arbeitsschritte bei Referaten und Hausarbeiten:

1. Tatsachen sammeln
2. geschickte Hypothesen aufstellen,
3. Experimente durchführen,
4. sorgfältige Interpretationen liefern (vgl. Krohn, a.a.O., S. 156).

Alle Erkenntnisbemühungen in allen vier Aspekten dieser Forschungslogik werden sich wechselseitig beeinflussen. Jedes einzelne Forschungsvorhaben, das erkannte Bacon schon sehr klar, muss die Ordnung und Reihenfolge dieser vier Aspekte selbst entwickeln (vgl. Krohn, a.a.O., S. 156). Spielen wir nun ein Beispiel von Bacons Logik der Forschung durch:

Übung:

Stellen Sie sich Ihrem Thema. Benutzen Sie dann das folgende Raster, um zuerst Einfalle zu sammeln. Schreiben Sie, nachdem Ihre Einfälle abgeschlossen sind, eine kleine Skizze Ihres sechsteiligen Forschungsprozesses am Leitfaden von Francis Bacon.

Bacons Forschungsmethode	Meine Einfälle zu meinem Thema
Problem benennen:	
Tatsachen sammeln:	
Hypothesen aufstellen:	
Experiment zur Überprüfung der Hypothesen entwickeln:	
Experiment durchführen und auswerten:	
Ursprungshypothesen erweitern:	

8.3 Erfahrungslernen

John Locke (1632-1704), der Hauptvertreter des Empirismus, sieht in der Erfahrung die einzige Quelle der Erkenntnis. Nichts ist im Verstande, sagt Locke, was nicht zuvor in den Sinneswahrnehmungen war. Locke verneint das Vorhandensein angeborener theoretischer oder ethischer Ideen. Der Mensch ist bei seiner Geburt in seinem Bewusstsein wie ein „weißes Blatt Papier". Erst durch seine Lebenserfahrungen gelangt er zu Erkenntnissen. Locke glaubt nicht, dass *„ein von Geburt an Blinder nach Wiedergewinnung seines Augenlichtes sogleich Würfel von Kugeln aufgrund optischer Wahrnehmungen unterscheiden kann, weil er nicht auf die durch sinnliche Wahrnehmung erworbenen Begriffe der Unterscheidung zurückgreifen kann. Die Sinne liefern also das Material der Erkenntnis, die Vernunft verarbeitet das Material in ein geordnetes System der Erkenntnis."*

Übung:

do it your-self

Klären Sie also zuerst, welche Erfahrungen Ihrer Hausarbeit bzw. Ihrem Referat zugrunde liegen. Stellen Sie dann fest, wie Sie diese Erfahrungen in welchen Thesen verarbeitet haben. Listen Sie deshalb einmal alle empirisch gehaltvollen Thesen zu Ihrem Referat bzw. zu Ihrer Hausarbeit auf.

8.4 Die empirische Methode

Das Denken besteht nach David Hume (1711-1776), empirischer Aufklärer, aus Erfahrungen und Gedanken. Für Hume sind die Erfahrungen das Primäre. Aus den Erfahrungen werden die Gedanken abgeleitet. Hume tritt mit der These auf: *„Nihil est in intelectu quod non prius fueret in sensu"* (Hume zit.n. G. Streminger: D. Hume. Eine Untersuchung über den menschlichen Verstand. Paderborn 1995, S. 72) Für Hume stammen alle Bausteine des Denkens für alle Zeiten aus der Welt der Sinne. Für Hume hat deshalb keine Erkenntnis mehr Anspruch auf Anerkennung als die auf Evidenz unmittelbarer Anschauung beruhende Erfahrung.

Das Verhältnis von Erfahrungen und Gedanken kann nach Hume in dreifacher Weise bestimmt werden:

1. Erfahrungen werden stets intensiver als Gedanken erlebt.
2. Einfache Erfahrungen gehen allen einfachen Gedanken zeitlich voran.
3. Erfahrungen sind von höherem sachlichen Wert als Gedanken (Vgl. G. Streminger, a.a.O., S. 68)

do it your-self Übungen:
Überprüfen Sie nun die Grundthesen des Empirio-Kritizismus von der Priorität der Erfahrungen vor den Gedanken. Arbeiten Sie für diese Aufgabe mit folgendem Raster:

Meine wichtigsten Erfahrungen zum Thema	Meine Grundgedanken zum Thema

do it your-self Nachdem Sie dieses Raster ausgefüllt haben, prüfen Sie nun, ob Ihre Erfahrungen mit Ihrem Gedanken in allen Fällen korrespondieren. Fragen Sie sich auch, ob Sie Gedanken zum Thema Ihrer Hausarbeit oder Ihres Referates haben, für die Sie überhaupt keine Erfahrungsbasis besitzen. Prüfen Sie dann, welcher empirische Gehalt ihrem Grundgedanken zukommt.

do it your-self Nach diesen Überprüfungen schreiben Sie bitte zwei kleine Texte zu Ihrem Thema. Beginnen Sie Ihren ersten Text zu Ihren Grundgedanken mit den Worten: „Wenn ich meinen Grundgedanken XYZ verwende, meine ich …"

do it your-self Schreiben Sie dann über einen Grundgedanken, für den Sie keine empirische Erfahrung vorweisen können. Beginnen Sie Ihren Text zu ihrem nicht empirisch abgesicherten Grundgedanken mit den Worten: „Wenn ich meinen nicht empirischen Grundgedanken XYZ verwende, meine ich …"

Hume untersuchte auch die Ordnung der durch Erfahrungen gewonnenen Gedanken im Gehirn. Dabei stieß er wieder auf die Assoziationsgesetze des Denkens. Er stellte fest: Gedanken erscheinen im Verstand nicht allein, sondern immer nur in Verknüpfung. Die Prinzipien der Assoziation sind *„die einzigen Bänder zwischen unseren Gedanken"*. (G. Streminger, a.a.O., S. 92)

Es gibt nach David Hume drei Assoziationsprinzipien:
- Das Prinzip der Ähnlichkeit
- Das Prinzip der Chronologie: der Berührung in Zeit und Raum
- Das Prinzip von Ursache und Wirkung

Übung: **do it your-self**
Wählen Sie einen Ihrer Grundgedanken zum Thema Ihrer Hausarbeit oder Ihres Referates, den Sie in der ersten Übung schon formuliert haben, und stellen Sie ihn noch einmal in einem Satz vor. Assoziieren Sie nun weitere Gedanken zu Ihrem gewählten Grundgedanken in Satzform. Überprüfen Sie dann, ob die drei Assoziationsprinzipien in Ihren assoziierten Sätzen zu Ihrem Thema ausgeschöpft worden sind oder ob Sie neue Sätze entwickeln können.

8.5 Innere Erfahrung

Für <u>Immanuel Kant</u> ist die innere Erfahrung immer von der äußeren abhängig. Die Mystik behauptet das Gegenteil, weil das innere Leben im Geiste etwas erkennen kann, wozu die Sinne nicht ausreichen.

<u>Arthur Schopenhauer</u> (1788-1860) will nicht nur in der äußeren, sondern auch in der inneren Erfahrung eine Erkenntnisquelle sehen. Die innere Erfahrung *„besteht darin, dass sie ... die äußere Erfahrung mit der inneren in Verbindung setzt und diese zum Schlüssel jener macht."* (A. Schopenhauer: Werke. Hrsg. A. Hübscher. Wiesbaden 1972, Bd. 3, S. 201)

Übung:

Nehmen Sie das Thema Ihres Referats oder Ihrer Hausarbeit. Schließen Sie die Augen. Stellen Sie sich Ihr Thema
bildlich vor. Gehen Sie in das Bild hinein. Reisen Sie durch
die innere Landschaft Ihres Themas. Kehren Sie zum Ausgangspunkt zurück. Beschreiben Sie das Ergebnis Ihrer Reise.

8.6 Induktives Denken

Induktives Denken schließt vom Einzelnen auf ein Allgemeines.
Dieses Denken versucht aus Beobachtungen gewonnene Vermu-
tungen planmäßig durch Experiment oder Vergleich an den Tatsachen zu prüfen und damit zur Gewissheit zu erheben. Dieses Denken führt zu hypothetischen Allgemeinbegriffen, die dann über
weitere Hypothesen zu allgemeinen Sätzen und Theorien führen
können. Die Induktion kann nur durch schwierige rationale Arbeit
zu allgemeinen Begriffen gelangen, die nicht selten bald widerlegt
werden.

Betrachten wir die induktive Denkmethode bei Charles Darwin.

**Charles Darwins (1809-1880) Forschungsmethode gliedert sich in
fünf Abschnitte:**

1.	Beobachten
2.	Fragen formulieren
3.	Hypothesen entwickeln
4.	Hypothesen experimentell überprüfen
5.	Theorien entwickeln

**Charles Darwin hat im Zuge der Formulierung seiner Evolutions-
theorie diese fünf Forschungsschritte in folgender Weise bewältigt:**

1. Seine wichtigsten Beobachtungen machte er auf seiner Welt-
   reise mit der „Beagle" (1831-1836).

2. Fragen und erste Hypothesen entwickelte er 1837 in seinen Notizbüchern. *„Schon im ersten Notebook fanden sich Zeichnungen von Evolutionsschemata in Form eines reich verzierten Stammbaumes und eines Korallenstockes."* (S. Schmitz: Charles Darwin, a.a.O., S. 155)

3. Seine Haupthypothesen entwickelte Darwin 1842 in einer 35-seitigen Skizze über seine Evolutionstheorie, die er 1844 auf 231 Seiten erweiterte.

4. Seine Hypothesen überprüfte er experimentell. *„In seinem Wohnsitz in Dowen führte er zahlreiche botanische und andere Experimente durch ... Darüber hinaus nahm er Kontakt auf zu Botanikern, Zoologen, Gärtnern und Landwirten, speziell zu Pflanzen- und Tierzüchtern, um Detailfragen der künstlichen Zuchtwahl und somit der Selektion allgemein zu klären."* Zu diesem Zweck machte er auch seit 1840 Umfragen bei Informanten mittels eines Fragebogens mit dem Titel: „Fragen zur Tierzucht". (Vgl. S. Schmitz, a.a.O., S. 157) Er überprüfte seine Hypothesen an den Thesen der konkurrierenden Evolutionsforscher wie z.B. Gray, Lyell, Hooker usw.

5. Von 1854-1858 schrieb Darwin an seiner Evolutionstheorie. Er ordnete einen riesigen Haufen von Aufzeichnungen, von Beobachtungen und Protokollen von Experimenten (vgl. S. Schmitz, a.a.O., S. 158).

Er legte dann seine Theorien in einem Werk von zehn klar gegliederten Kapiteln vor. Die darwinsche Arbeit war so solide, dass die Nachfolger lange Zeit nur Erweiterungen seiner Hypothesen vornehmen konnten.

Übung: **do it**
Füllen Sie für Ihr Denken zu Ihrer Hausarbeit oder Ihrem **your-**
Referat folgenden Arbeitsbogen aus: **self**

Denkschritte	Meine Denkanstrengungen für meine Hausarbeit
1. Beobachtungen	
2. Fragen formulieren	
3. Hypothesen entwickeln	
4. Hypothesen experimentell überprüfen	
5. Theorien entwickeln	

8.7 Erfahrung durch Praxis

Mao-Tse-Tung (1893-1976), der Begründer des neuen China, verfasste als Vorsitzender der kommunistischen Partei Chinas seine Schrift „Über die Praxis". In ihr geht er davon aus, dass die Widersprüche der Realität immer bestehen. Die Realität ist ein ewiger Prozess. Diesen Prozess kann man nur durch praktische Erfahrung erkennen. Mao schreibt: *„Willst du Erkenntnisse erwerben, musst du an der die Wirklichkeit verändernden Praxis teilnehmen. Willst du den Geschmack einer Birne kennen lernen, musst du sie verändern, d.h. sie in deinem Mund zerkauen."* (Mao-Tse-Tung: Ausgewählte Werke. Peking 1968, Bd. 1, S. 353)

Diese Erkenntnis durch Praxis beschreibt Mao folgendermaßen: Bei der gesellschaftlichen Praxis wiederholen sich mehrmals die Dinge, *„die bei den Menschen in ihrer praktischen Tätigkeit*

Empfindungen und Eindrücke hervorrufen, dann tritt im menschlichen Gehirn ein Umschlag (d.h. Sprung) im Erkenntnisprozess ein und es entstehen Begriffe. Der Begriff spiegelt schon nicht mehr die Erscheinung der Dinge ... Er erfasst das Wesen der Dinge, ihre Totalität und ihren inneren Zusammenhang." (Mao-Tse-Tung, a.a.O., Bd. 1, S. 350)

Alle echten Erkenntnisse stammen für Mao aus der unmittelbaren Erfahrung. Die sinnliche Erfahrung ist das Primäre. Der Sprung von der sinnlichen zur rationalen Erkenntnis ist das Zweite. Die Umsetzung der rationalen Erkenntnis in Praxis ist der dritte Schritt. *"Praxis, Erkenntnis, wieder Praxis und wieder Erkenntnis – diese zyklische Form wiederholt sich endlos, und der Inhalt von Praxis und Erkenntnis wird bei jedem einzelnen Zyklus auf eine höhere Stufe gehoben."* (Mao-Tse-Tung, a.a.O., Bd. 1, S. 363)

Übung: **do it your-self**
Welche vielfältigen Erfahrungen liegen der Wahl des Themas Ihrer Hausarbeit bzw. Ihres Referats zugrunde? Was für Erfahrungen gewinnen Sie bei der Arbeit an der Hausarbeit bzw. des Referats? Wie weit können Sie diese Erfahrungen auf einen Begriff bringen und dann praktisch für Ihre Hausarbeit bzw. Ihr Referat nutzen? Schreiben Sie mal die Geschichte der Erarbeitung von wichtigen Begriffen Ihrer Hausarbeit / Ihres Referats und Ihre praktische Nutzung auf.

8.8 Geschlechtsspezifischer Blick auf Erfahrung

Heide Göttner-Abendroth (*1941) ist die wichtigste deutsche feministische Philosophin. Sie relativiert entschieden die männliche Erfahrung. Sie hat die Frühgeschichte der Menschheit erforscht. Sie hat in der Zeit vor 1500 v.Chr. überall matriarchalische Gesellschaften entdeckt. Sie schreibt: *"Je tiefer wir in die Kenntnis der Epochen der matriarchalischen Gesellschaften und Kulturen eindringen, desto mehr sehen wir unsere Denkgewohnheiten und Anschauungen, die uns seit den patriarchalischen Jahrtausenden* *eingeimpft wurden, in Frage gestellt.*" (H. Göttner-Abendroth: Das Matriarchat. Stuttgart 1988, Bd. 1, S. 9)

do it your-self Übung:

Betrachten Sie das Thema Ihres Referates oder Ihrer Hausarbeit. Wie könnte das Thema mit Ideen aus weiblicher Sicht bzw. aus männlicher Sicht bearbeitet werden? Schreiben Sie erst eine weibliche, dann eine männliche Kurzskizze Ihres Referats bzw. Ihrer Hausarbeit.

8.9 Kreative Methoden für die Erfassung der Erfahrung bei Denkblockaden

Die Philosophie des kreativen Schreibens hat heute viele kreative Methoden entwickelt, um die Erfahrung im Alltag, im Studium und im Beruf zu erfassen. Sie schlägt vor, die eigenen Erfahrungen, die in Referaten und Hausarbeiten wissenschaftliche bearbeitet werden sollen, mit folgenden Techniken zu erheben:

- Mit Brainstorming die Ideen über den Praxisort des eigenen Themas erfassen.
- Tageslaufprotokolle über die Praktiker zu verfassen, die die Erfahrungen machen, die man in der Hausarbeit thematisieren will.
- Einen fiktiven Dialog zwischen zwei Praxisvertretern des eigenen Themas zu verfassen.
- Ein Cluster mit dem Kernwort „Praxis- und Erfahrungsfeld" des Themas anzufertigen. (G.L. Rico: Garantiert schreiben lernen. Reinbek 1999)
- Ein Mind-Map zu den sozialen und ökologischen Rahmenbedingungen der Erfahrung meines Themas zu entwerfen. (T. Buzan: Das Mind-Map-Buch. Landsberg 1996)
- Mit aktiver Imagination, Meditation oder automatischem Schreiben die Erfahrungsgrundlagen meines Themas erforschen.

Übung:
Versuchen Sie die Erfahrungsbasis Ihres Themas mit den angegebenen Methoden zu erfassen, um Denkblockaden zu beheben.

Literatur zur Erfahrung

Bollnow, O.F.: Philosophie der Erkenntnis. Stuttgart 1970

Haken, H.: Synergetik. Berlin 1990

Historisches Wörterbuch der Philosophie. Darmstadt 1972, Bd. 2, Sp. 609-617, 619-620

Maturana, H.; Varela, F.: Der Baum der Erkenntnis. München 1987

Roth, G.: Das Gehirn und seine Wirklichkeit. Frankfurt 1994

Sandkühler, H.J. (Hrsg.): Enzyklopädie Philosophie. Hamburg 1999, Bd. 1, S. 346-353

Schneider, H.J.; Inhetveen, R. (Hrsg.): Nichtwissenschaftliche und wissenschaftliche Erfahrung. München 1988

9. Definieren

Das Definieren ist eine Bestimmung von Begriffen. Die Leistung des Sokrates (469-399 v.Chr.) bestand darin, nach den gemeinsamen Eigenschaften von Dingen zum ersten Mal gefragt zu haben. Damit wurde von Sokrates die erste Methode des Definierens entwickelt.

Aristoteles (384-322 v.Chr.) stellte fest, dass wissenschaftliche Begriffe nur solche sind, die durch Definition bestimmt werden. Definition wurde so zum wichtigen Kriterium von klaren Begriffen und klarem Denken.

9.1 Präzise Begriffe

Die indischen Veden, das älteste philosophische Buch der Inder (1200 v.Chr.), kommt zu dem Schluss, dass über den wichtigen Begriff des Weltschöpfers keine Aussagen gemacht werden können.

Die Veden schreiben:
„Er, der die Schöpfung hat hervorgebracht,
der auf sie schaut im höchsten Himmelslicht,
der sie gemacht hat oder nicht gemacht,
der weiß es? – oder weiß auch er es nicht?"
(R.A. Mall: Der Hinduismus. Darmstadt 1997, S. 13)

do it
your-
self
Übung:
Stellen Sie zunächst fest, ob der Zentralbegriff Ihres Themas empirisch gefüllt oder rein gedanklich konstruiert ist.

9.2 Schärfung von Begriffen

Buddha (563-483 v.Chr.), der Erretter aus dem Elend, hat in seinen
vier edlen Wahrheiten vorgeschlagen, zur Schärfung von Begriffen
vier Aussagen zu entwickeln:

1. Aussage: Eine Definition des Begriffs
2. Aussage: Der Ursprung des Begriffs
3. Aussage: Die Verbesserung des Begriffs
4. Aussage: Der Weg der Verbesserung des Begriffs

(Buddha: Reden. Reinbek 1961, S. 18)

Übung: do it
Vollziehen Sie diese vier Schritte.   your-
                                                                            self
1. Definieren Sie den Zentralbegriff Ihres Themas.
2. Klären Sie den Ursprung des Zentralbegriffs.
3. Versuchen Sie den Begriff zu verbessern.
4. Geben Sie einen Weg an, wie der Begriff verbessert
   definiert werden kann.

Sie können bei dieser Übung durchaus entsprechende Stich-
worte zu Ihrem Begriff aus philosophischen und Fachlexika
benutzen.

9.3 Klärung der Begriffe

Konfuzius (551-479 v.Chr.), der Begründer der chinesischen Philosophie, hat den präzisen Gebrauch von Begriffen angemahnt: *„Stim-
men die Namen und Begriffe nicht, so ist die Sprache konfus. Ist
die Sprache konfus, so entstehen Unordnung und Misserfolg. Gibt
es Unordnung und Misserfolg, so geraten Anstand und gute Sitten
in Verfall."* (Konfuzius: Gespräche. Stuttgart 1988, S. 13,3)

Übung: do it
Welche Begriffe benutzen Sie bei Ihrem Referat bzw. bei   your-
Ihrer Hausarbeit? Wie weit erkennen Sie Unschärfen in den   self
benutzten Begriffen? Nehmen Sie Ihre unscharfen Begriffe
aus Ihrem Thema und schärfen Sie sie.

9.4 Stufenleiter der Begriffe

Für <u>Kant</u> gibt es empirische und reine Begriffe. Empirische Begriffe sind durch Erfahrung gedeckt. Reine Begriffe enthalten nichts aus der Erfahrung. Kant kennt folgende Stufenleiter der Begriffe:

Stufenleiter der Begriffe

1. Empirisch-realer Begriff, z.B. Sonne
2. reiner Begriff, der unabhängig von der Erfahrung ist, z.B. Gemeinschaft
3. praktisch-realer Begriff, z.B. Freiheit
4. hypothetisch-realer Begriff, z.B. Gott
5. leerer Begriff, z.B. Phänomen
6. erdichteter Begriff, z.B. Glück
7. widersprüchlicher Begriff, z.B. unausgedehnter Raum
8. in sich widersprüchlicher Begriff, z.B. vernunftloser Mensch

(C.C.E. Schmid, a.a.O., S. 107ff.)

do it your-self Übung:
Definieren Sie Sonne, Gemeinschaft, Freiheit, Gott, Phänomen, Glück, unausgedehnter Raum und vernunftloser Mensch. Beschreiben Sie Ihre Definitionserfahrung, d.h. Ihren Definitionsweg. Stellen Sie dann fest, in welche Stufe der Begriffsstufenleiter die von Ihnen in dem Thema Ihres Referats / Ihrer Hausarbeit gebrauchten Begriffe gehören.

9.5 Kants Lehre vom Definieren

<u>Immanuel Kant</u> (1724-1804) hat eine umfassende Lehre vom Definieren von Begriffen entwickelt. Der Begriff ist für Kant im weitesten Sinne *„jedes Produkt der Tätigkeit des Vorstellungsvermögens, wodurch ein Mannigfaltiges Einheit bekommt. In diesem Sinn ist jede eigentliche Vorstellung ... ein Begriff, weil sie ein Mannigfaltiges umfasst."* (C.C.E. Schmid: Wörterbuch zum leichteren Gebrauch der kantischen Schriften. Darmstadt 1996, S. 98) Im

engeren Sinn ist ein Begriff *„eine allgemeine, von mehreren An-schauungen abgezogene Vorstellung und steht der einzelnen Vor-stellung oder der Anschauung entgegen."* (C.C.E. Schmid, a.a.O., S. 99)

Die Herkunft des Begriffs vom Wort „Begreifen" zeigt, dass Definieren ein Denkprozess ist, der es ermöglicht, dass der Begriff *„mehrere Vorstellungen mehrerer Objekte unter sich begreift und enthält."* (C.C.E. Schmid, a.a.O., S. 99)

So ist eine Rose, die ich mir in allem Merkmalen vorstelle, ein Begriff. Eine konkrete individuelle Rose ist aber eine Anschauung. Wenn man also die vielfältigen Daten einer Anschauung eines einzelnen Objektes in einer Vorstellung vereinigt, so erzeugt man als Definition einen Begriff.

Übung: **do it your-self**
Machen Sie einen Versuch. Stellen Sie sich den Hauptbegriff Ihres Referats in allen Merkmalen als Begriff vor, und stel-len Sie sich ihn ganz konkret und individuell als eine An-schauung vor. Stellen Sie dann fest, welche Unterschei-dung Sie bei diesen beiden Vorstellungsarten zu Ihrem Begriff gewonnen haben.

9.6   Regeln des Definierens

Die moderne Kreativitätsphilosophie hat sechs Bedingungen für das Definieren von Begriffen entwickelt, die auf der folgenden Seite als *„Regeln des Definierens"* aufgelistet sind.

Übung: **do it your-self**
Nehmen Sie nun das Thema Ihres Referats bzw. Ihrer Haus-arbeit. Definieren Sie alle im Thema genannten Begriffe nach den sechs Regeln der Definition. Vergleichen Sie Ihre Definition mit den Definitionen in Fachlexika. Stellen Sie fest, welchen Nutzen an Klärung, Eingrenzung und Verdeut-lichung Ihres Themas Sie aus dem Definieren der Begriffe Ihres Referates oder Ihrer Hausarbeit gezogen haben.

Regeln des Definierens

1. Die Definition des Begriffs darf nicht zu eng und nicht zu weit sein.
2. Die Definition sollte keine negativen Bestimmungen enthalten, z.B. „Ein Punkt ist, was keine Ausdehnung hat."
3. Eine Definition darf keine Tautologie sein, z.B. „Ein Kreis ist ein Kreis."
4. Eine Definition sollte keine überflüssigen Merkmale enthalten, z.B. „Der Mensch ist ein vernunftbegabtes Lebewesen, das zur Reflexion fähig ist."
5. Eine Definition sollte möglichst knapp, klar und deutlich sein und keine Bilder enthalten, z.B. „Architektur ist gefrorene Musik."
6. Eine Definition sollte keine Widersprüche enthalten, z.B. „blinder Zuschauer"

(A. Menne: Einführung in die Methodologie. Darmstadt 1992, S. 32-34)

9.7 Weibliche Begriffe gegen Denkblockaden

Mary Daly (*1928), die führende feministische Philosophin der USA, fordert die Frauen auf, die Begriffe ihrer Sprache neu zu definieren, weil die patriarchalischen Begriffe die Frauen verstümmeln. Daly gibt dafür Beispiele: Frauen, die das Patriarchat ablehnen, definiert sie als *„Augurinnen, Brauweiber, Gorgonen, Mänaden, Musen, Nixen, Nornen, Sirenen."* Männer definiert Mary Daly wie folgt: *„Knilche, Langweiler, Bohrer, Schwänze, Betrüger, Werbefifis, Schlitzer, Blender, Schleimer und Beschäler."* (M. Daly: Reine Lust. München 1986, s. 22ff.)

Übung:
Schreiben Sie zwei Kurzfassungen zum Thema Ihres Referats bzw. Ihrer Hausarbeit. Schreiben Sie einmal das Thema nur mit weiblichen Begriffen, dann nur mit männli-
chen Begriffen.

do it
your-
self

Literatur zum Definieren
Dubislav, W.: Die Definition. Hamburg 1981
Eisler, R.: Kant-Lexikon. Hildesheim 1994, S. 84f.
Historisches Wörterbuch der Philosophie. Darmstadt 1971, Bd. 1,
Sp. 780-788
Menne, A.: Einführung in die Methodologie. Darmstadt 1992
Sandkühler, H.J. (Hrsg.): Enzyklopädie Philosophie. Hamburg 1990,
Bd. 1, S. 126-144
Savigny, E.v.: Grundkurs im wissenschaftlichen Definieren
Schmid, C.C.E.: Wörterbuch zum leichtern Gebrauch der kantischen
Schriften. Darmstadt 1996

10. Abstrahieren

Abstrahieren ist ein Denkvorgang, der vom Gesamtbild der sinnlichen Erfahrung das Unwesentliche weglässt, um das Wesen festzustellen. Abstrahieren sieht also vom Einzelnen, Zufälligen und Unwesentlichen ab und will das Allgemeine, Notwendige und Wesentliche erfassen. Die Abstraktion gilt als Mittel der Begriffsbildung.

Abstrahieren ist also eine Tätigkeit, die Gedanken, die meist trübe und verschwommen sind, klar definiert und scharf von anderen Gedanken abgrenzt.

Die Abstraktion kann über die Denkphasen: Verunsicherung, Erfahrung von Dissonanzen zwischen Gedanken zur Prüfung und Klärung von Gedanken fortschreiten.

10.1 Der Abstraktionsprozess

Der arabische Philosoph Avicenna (980-1037) gibt fünf Stufen für den Abstraktionsprozess an:

1. Aufnahme der Sinnesdaten
2. Speichern der Sinnesdaten
3. Abstrahieren von den Sinnesdaten auf Begriffe
4. Speichern der abstrakten Begriffe im Gedächtnis
5. Beurteilung der abstrakten Begriffe durch den aktiven Intellekt, dem unempirische Begriffe, wie Sein, Ding, Ursache und Notwendigkeit eingeboren sind.

(G. Strohmeier: Avicenna. München 1999, S. 120f.)

do it yourself Übung:
Zeichnen Sie ein Bild vom Gehirn und vom Denkprozess, der nach Avicenna im Gehirn stattfindet. Zeichnen Sie in dieses Bild dann den Denkprozess ein, der bei der Arbeit an Ihrer Hausarbeit bzw. an Ihrem Referat abläuft.

10.2 Die Prüfung des Abstraktionsprozesses

Al-Ghazali (1058-1111), ein wichtiger arabischer Philosoph, prüfte die Leistung des Abstraktionsprozesses in vier Schritten:

1. Schritt: Skeptische Prüfung aller Erkenntnis: *„Dabei fand ich mich bar jeder Erkenntnis."*
2. Schritt: Skeptische Prüfung aller Sinneserkenntnisse: *„Auch der sinnlichen Gewissheit kann man nicht trauen."*
3. Schritt: Skeptische Prüfung der Vernunft: *„Die Skepsis verschwindet auch hier nicht."*
4. Schritt: Mystische Erkenntnis, die jenseits aller Sinne und Begriffe erkennt.

(Al-Ghazali: Der Erretter aus dem Irrtum. Hamburg 1988, S. 7-10)

Übung: **do it your-self**
Vollziehen Sie Stufe 1-3. Prüfen Sie skeptisch alle sinnlichen und begrifflichen Erkenntnisse zu Ihrem Thema. Stellen Sie fest, welche Erkenntnisse zu Ihrem Thema über alle Zweifel erhaben sind.

10.3 Abstraktionsschemata

Die Geschichte der Philosophie entwickelte viele Schemata, die beim Aufstieg vom Konkreten zur Abstraktion dienlich sein sollten. Besonders reichhaltig ist dabei die mittelalterliche Philosophie.

Auch der Koran stellt eine derartige Abstraktionsleiter vor. Gott ist dabei der Herr der *„Himmelsleiter, auf der die Engel und der Geist zu ihm emporsteigen an einem Tag, dessen Maß 50.000 Jahre sind."* (Der Koran. Stuttgart 1991, Sure 70, 3-4)

Die Jakobsleiter der Bibel (Gen. 28, 12) stellt ein ähnliches Motiv dar. Im Traum sieht Jakob eine Leiter, mit der er zur absoluten Abstraktion aufsteigen konnte.

Origines (185-254), einer der wichtigen Kirchenväter, entwickelte ein **Drei-Stufen-Schema der Abstraktion:**

1. Die Reinigung
2. Die Erleuchtung
3. Die Vollendung

Bonaventura (1217-1274), ein wichtiger Vertreter der Scholastik, differenziert den **Abstraktionsweg:**
Die drei Stufen der Abstraktion werden in jeweils drei Unterstufen aufgeteilt. Dabei ergibt sich folgendes Bild:

1.	Reinigung
1.1	Erinnerung an die Sünde
1.2	Selbstprüfung
1.3	Betrachtung des Guten
2.	Erleuchtung
2.1	Betrachtung vergebener Sünden
2.2	Betrachtung erwiesener Wohltaten
2.3	Betrachtung verheißener Belohnung
3.	Vollendung
3.1	Anhäufung
3.2	Entzündung
3.3	Auflodern des Feuers der Weisheit

Aus diesem mystischen Aufstiegsschema der Abstraktion wird schließlich bei Bonaventura ein siebenstufiges **Schema der mentalen Abstraktionsleistung:**

1. Sinnesvermögen benutzen
2. Vorstellungskraft einsetzen
3. Verstand gebrauchen
4. Vernunft einsetzen
5. Einsicht gewinnen
6. Erreichung der Seelenspitze erleben
7. Ekstase bei der Erkenntnis des Absoluten verspüren

Übung:
Benutzen Sie die siebenstufige Leiter des Bonaventura bei
der Bearbeitung des Themas Ihres Referates / Ihrer Hausarbeit:

1. Stellen Sie sich alles Sinnliche zum Thema vor.
2. Konkretisieren Sie nun Ihre Sinnesvorstellungen.
3. Gliedern Sie die Sinnesvorstellungen mittels Ihres
   Verstandes.
4. Ziehen Sie abstrakte Schlüsse aus Ihren Sinnesdaten.
5. Fixieren Sie nun Ihre gewonnenen Ideen.
6. Lassen Sie die Ideen in Ihrem höheren Seelenteil sich
   weiter entwickeln.
7. Erleben Sie die große Freude, wenn sich alle sinnlichen
   Wahrnehmungen und abstrakten Ideen zu Ihrem Thema
   ordnen.

10.4 Angeborene Ideen

René Descartes (1596-1650), der Erfinder der modernen Philosophie, stellte fest, dass nicht die Sinne die Welt erfassen, sondern
das Denken. Die Dinge werden nicht dadurch erkannt, *„dass man
sie betastet oder sieht, sondern dadurch, dass man sie denkt."*
(R. Descartes: Meditationen. Berlin 1965, S. 26) Damit der Mensch
denken kann, braucht er immer Ideen. Viele Ideen hat der Mensch
durch Abstraktion aus seinen Anschauungen gewonnen. Allerdings
gibt es Ideen, die nicht durch Abstraktion gewonnen werden können, z.B. die Idee des Ichs. Es ist also offenbar, dass Abstrahieren
nur möglich ist, wenn bestimmte Ideen „eingeboren" oder „a priori"
dem Verstand gegeben sind. So ist für das Abstrahieren „die Idee
des Ichs", das abstrahiert, immer vorgegeben.

Übung:
Schließen Sie die Augen. Stellen Sie sich die wichtigsten
Ideen aus dem Titel Ihres Referats / Ihrer Hausarbeit vor,
und überlegen Sie, ob Sie aus der anschaulichen Abstrakti-

on stammen oder „eingeboren" sind. Sollten sie „eingeboren" sein, dann wird jede Konkretisierung schwer werden. Mit den abstrakten Begriffen Ihres Themas ist dann auch nur abstrakt zu denken.

10.5 Sinnlichkeit im Abstraktionsprozess

Immanuel Kant (1724-1804), der kritische Prüfer aller Erkenntnis, analysiert die Beteiligung von Sinnlichkeit und Verstand im Abstraktionsprozess: *„Ohne Sinnlichkeit"*, schreibt Kant, *„würde uns kein Gegenstand gegeben und ohne Verstand keiner gedacht werden. Gedanken ohne Inhalte sind leer. Anschauungen ohne Begriffe sind blind. Daher ist es ebenso notwendig, seine Begriffe sinnlich zu machen (d.i. den Gegenstand in der Anschauung beizufügen), als seine Anschauungen sich verständlich zu machen (d.i. sie unter Begriffe zu bringen). Beide Vermögen ... können ihre Funktion nicht vertauschen. Der Verstand vermag nichts anzuschauen und die Sinne nichts zu denken. Nur darin, dass sie sich vereinigen (in der Abstraktion), kann Erkenntnis entspringen."* (I. Kant: Werke. Darmstadt 1962, Bd. 2, S. 98)

do it your-self Übung:
Nehmen Sie das Thema Ihres Referats / Ihrer Hausarbeit. Machen Sie die Hauptbegriffe des Themas sinnlich und Ihre sinnlichen Anschauungen zum Thema begrifflich. Dabei werden Ihnen sicherlich neue Ideen zum Thema zuwachsen.

10.6 Sokratische Abstraktion

Leonard Nelson (1882-1927), der Philosoph des sokratischen Gesprächs, entdeckte die Abstraktion im forschenden Dialog der Gruppe. Er nannte sein Abstraktionsverfahren „Sokratischen Dialog". Sokrates wollte für Nelson keine neuen Lehren vermitteln, sondern durch Dialoge auf dem Markt von Athen einen Weg aufzeigen, auf dem sich die Schärfung von Begriffen entwickeln lässt.

Für Nelson leitet das sokratische Gespräch in die Kunst des Abstrahierens ein. *„Es kann nur einen Weg zum Selberdenken geben, nämlich den in der selbstständigen Handhabung der Kunst des Abstrahierens."* (L. Nelson: Die sokratische Methode. Kassel 1996, S. 16) *„Abstraktion"*, so Nelson, *„bringt nur durch Nachdenken auf klare Begriffe, was als ursprünglicher Besitz in unserer Vernunft ruhte und dunkel in jedem einzelnen Urteil vernehmlich wurde."* (L. Nelson, a.a.O., S. 15) Der Anstoß zum Abstrahieren erfolgt bei Nelson durch radikales Fragen in der Gruppe, bis die Unwissenheit bei den Befragten eintritt und das Interesse in der Gruppe am Weiterfragen entsteht. Das Weiterfragen beginnt *„bei Beobachtungen des alltäglichen Lebens, um von dem sicheren Urteil zu dem weniger gesicherten zu gelangen."* (L. Nelson, a.a.O., S. 20) Dieses Nachdenken in der Gruppe führt durch Abstraktion aus dem Dunkel ins Licht.

Übung:
Wählen Sie aus Ihrem Thema einen Begriff und befragen Sie ihn mit W-Fragen (Was, Wer, Wie, Wann, Warum, Wie lange usw.), bis er jenseits der bloßen Erscheinung sein wirkliches Wesen preisgibt, das Sie genau beschreiben können.

do it yourself

Übung:
Benutzen Sie das Verfahren des „Sokratischen Dialogs" zu Ihrem Thema, indem Sie Ihr Thema in einer Gruppe zur Diskussion stellen. Dabei sollten in der Gruppe keine Bewertungen der Dialogantworten praktiziert werden, bis das gesuchte Ergebnis zu Ihrem Thema vor allen Gruppenteilnehmern klar vor Augen gelangt.

do it yourself

10.7 Abstraktionen auf Zeit

Karl R. Popper (1902-1994) war als kritischer Rationalist kein Gegner von Begriffen, sondern von allzu großen Theorien. In seinem Hauptwerk „Logik der Forschung" stellt er dar, dass nicht aus

Beobachtungen Abstraktionen zu ziehen sind, sondern nur aus Theorien durch Kritik bessere Theorien entstehen können. *„Unsere Wissenschaft ist kein System von gesicherten Sätzen, auch kein System, das in einem steten Fortschritt einem Zustand von Endgültigkeit zustrebt ... Wir wissen nicht, sondern wir raten ... Nicht der Besitz von Wissen ... macht den Wissenschaftler, sondern das rücksichtslose, das unablässige Suchen nach Wahrheit."* (K.R. Popper: Logik der Forschung. Tübingen 1994, S. 223-225) Nach Popper gibt es nur große Theorien, die niemals zu beweisen sind oder Begriffe auf Zeit, die sich empirisch überprüfen und widerlegen lassen. Theorien sind für Popper temporäre Netze, um die Wirklichkeit zu verstehen. Immer kämpfen mehrere Theorien um ihre Anerkennung, ohne den Sieg erringen zu können.

do it yourself Übung:
Überprüfen Sie alle Thesen Ihres Referats bzw. Ihrer Hausarbeit, ob sie aus Verallgemeinerungen von Beobachtungen stammen oder aus Theorien. Wenn Sie feststellen, dass sie aus Theorien stammen, dann wissen Sie, dass sie nur Abstraktionen auf Zeit sind. Diese Erkenntnis sollte Sie beim Schreiben Ihres Referates bzw. Ihrer Hausarbeit dazu ermutigen, besonders bescheiden und undogmatisch mit Theorien umzugehen.

10.8 Das Ende aller Abstraktionen

Jean Baudrillard (*1929), ein Haupt der postmodernen Philosophie aus Frankreich, warnt vor der Benutzung von Abstraktionen. Die Realität sei in der Postmoderne reine Simulation. *„Jegliche Realität wird von der Hyperrealität der Codes und der Simulation aufgesogen."* (J. Baudrillard: Der symbolische Tausch und der Tod. München 1991, S. 8) Alle Begriffe verweisen heute nur noch auf Simulation und auf keine Realität. Das Hässliche wird heute schön, das Unwahre wahr, das Unnütze nützlich und aus Quatsch wird Kunst. Alle abstrakten Ideen sind überholt, weil die Wirklichkeit

sie alle eingelöst hat. Viele klassischen Abstraktionen, wie „Ich"
oder „Klasse" besitzen keine Bedeutung mehr für das Verständnis
der postmodernen Gesellschaft. Die heutigen Ereignisse sind schneller als jeder Begriff. Die Geschichte verschwindet. Alles, was abstrakt gedacht wurde, ist schon passiert. Alle Revolutionen des
Geistes haben schon stattgefunden. (J. Baudrillard: Transparenz
des Bösen. Berlin 1992, S. 10)

Übung:
Baudrillard warnt eindringlich vor allzu abstrakten Themen.
Versuchen Sie deshalb Ihr Thema ganz einfach zu formulieren, ohne große Anstrengungen des Begriffs. Stellen Sie
dann fest, welchen Nutzen diese Vereinfachung des Themas für Sie hat.

**do it
your-
self**

10.9 Abstraktionen mittels Leitern

Die moderne Kreativitätsphilosophie hat die mittelalterliche Arbeit
mit Abstraktionsleitern wieder aufgegriffen, um das Verhältnis von
Anschauung und Begriff vom Abstrakten zum Konkreten einfacher
zu erschließen. *„Philosophieren ist selbst als ein Benutzen höher-
stufiger Perspektiven, als ein schichtenübergreifendes Entwerfen,
zu verstehen."* (H. Lenk: Kreative Aufstiege. Frankfurt 2000, S. 59)
   Die Abstraktionsleitern besitzen vier Stufen, die zwischen Begriff und Anschauung, Anschauung und Begriff entwickelt werden.

Es können drei Typen von Leitern unterschieden werden:

Die **deduktive Leiter,** die vom Abstrakten zum Konkreten herab-
steigt, umfasst folgende vier Stufen:

1.	Ein Begriff
2.	Eine Konkretisierung
3.	Ein Beispiel
4.	Das Detail eines Beispiels

do it yourself Übung:
Nehmen Sie also die Begriffe, die Ihr Thema zu Ihrem Referat oder zu Ihrer Hausarbeit enthält und entwickeln Sie für alle Begriffe die vier Schritte der deduktiven Leiter. Fügen Sie also den einzelnen Begriffen Ihres Themas eine Konkretisierung, ein Beispiel und das Detail eines Beispiels hinzu.

Die **induktive Leiter** bewegt sich vom Konkreten zum Abstrakten. Sie umfasst folgende Stufen:

1. Ein Detail
2. Ein Beispiel
3. Ein abstrakter Fall
4. Die Bildung einer Hypothese

do it yourself Übung:
Nehmen Sie Ihr Thema und lassen Sie sich alle konkreten Details zu diesem Thema einfallen. Zu jedem dieser Details bilden Sie dann induktive Leitern. Fügen Sie jedem Detail ein Beispiel, einen abstrakten Fall und eine Hypothese hinzu.

Schließlich gibt es **freie Leitern.** Die freie Leiter bewegt sich vielstufig zwischen Abstraktem und Konkretem. Auf jeder Stufe der Induktion (vom Konkreten zum Abstrakten) und der Deduktion (vom Abstrakten zum Konkreten) kann man in Worten oder Sätzen seine Gedanken aufschreiben.

do it yourself Übung:
Nehmen Sie Ihr Thema. Bilden Sie zu jedem Wort Ihres Themas deduktive und induktive freie Leitern. Damit Sie abschließend mit Hilfe der Abstraktionsleiter zu einer Zusammenfassung der aus Ihrem Thema gewonnenen Ideen kommen, sollten Sie folgendermaßen vorgehen:
1. Vorstellung des Themas in Ihrem inneren Bewusstsein
2. Festlegung der abstrakten und konkreten Worte des Themas

3. Entwicklung von deduktiven, induktiven und freien Leitern zu den Worten des Themas
4. Zusammenfassung der mit Hilfe der Leitern gefundenen Ideen zum Thema in einem Text, der der Reihenfolge der Worte des Themas folgt.
5. Benutzung der Leitern dann auch zu jedem Unterthema und jeder weiteren Zwischenüberschrift Ihres Referates bzw. Ihrer Hausarbeit.

10.10 Esoterische Abstraktion bei Denkblockaden

Rudolf Steiner (1861-1925), der Begründer der Anthroposophie, meint, in der Welt stehen sich der Mensch und die Dinge fremd gegenüber. Aber die Sinnesdaten der Dinge werden im Denken spontan in Ideen übersetzt. Die unvollständigen Sinnesdaten werden durch Begriffe und Ideen geordnet. Durch Übung und Schulung kann jeder Mensch durch Besteigung der Abstraktionsleiter zu den Ideen gelangen. Im Bereich der übersinnlichen Ideen erlebt der Mensch seine Freiheit, die er im sinnlich-körperlichen Bereich nicht hat. So bleibt die materielle Welt zwar ein Rätsel, die Abstraktionsleistung im Denken ist aber die Lösung des Rätsels. Steiner schlägt für die Erreichung des Gipfels der Abstraktion folgende Übungen vor: Die Stille-Übung, den Dialog mit der geistigen Welt, die Begegnung mit höheren Wesen usw. (R. Steiner: Wie erlangt man Erkenntnisse der höheren Welten. Dornach 1981)
Probieren Sie einmal ein paar der steinerschen Abstraktionsübungen zur Lockerung bei Denkblockaden aus:

Übung

Nehmen Sie sich jeden Tag dreimal fünf Minuten Zeit, um ganz still zu sein. Unterscheiden Sie in dieser Zeit in der Stille das Wesentliche vom Unwesentlichen Ihres Themas.

do it
your-
self
Übung:

Wenn Sie in der Stille etwas geübt sind, gehen Sie zur Zwiesprache mit der Idee des Guten über und führen Sie mit der Idee des Guten ein Gespräch über Ihr Thema.

do it
your-
self
Übung:

Stellen Sie sich dann erst einen Stern, dann eine Pflanze, dann ein Tier, dann einen Menschen und dann ein höheres Wesen als der Mensch vor. Sprechen Sie mit diesem höheren Wesen über Ihr Thema.

Literatur zum Abstrahieren

Eisler, R.: Kant-Lexikon. Hildesheim 1994, S. 2
Historisches Wörterbuch der Philosophie. Darmstadt 1971, Bd. 1, Sp. 42-65
Prätor, K. (Hrsg.): Aspekte der Abstraktionstheorie. Aachen 1988
Sandkühler, H.J. (Hrsg.): Enzyklopädie Philosophie. Hamburg 1990, Bd. 1, S. 20-29

11. Sprache analysieren

Viele Philosophen haben die Bedeutung der Sprache und der Diskursmuster bei der Entwicklung von Ideen erkannt. Georg Christoph Lichtenberg (1742-1799) definiert z.B. das richtige Denken als Berichtigung des Sprachgebrauchs.

11.1 Wittgensteins Sprachanalyse

Radikal wird die Sprachanalyse bei <u>Ludwig Wittgenstein</u> (1889-1951), der in Bezug auf die Sprache sagte, Aufgabe der Philosophie sei die Beseitigung jedes unklaren Satzes. *„Die Philosophie soll die Gedanken, die sonst gleichsam trübe und verschwommen sind, klar machen und scharf abgrenzen."* (L. Wittgenstein: Tractatus Logico-philosophicus. Frankfurt 1983, S. 41) Für Wittgenstein wird Philosophie zur Sprachtherapie. Dabei gewinnt die Alltagssprache, die normale Umgangssprache, die Qualität des richtigen und vernünftigen Sprechens und Schreibens. Alle philosophischen Begriffe sollten nach Wittgenstein auf die abstrakten Begriffe der Umgangssprache zurückgeführt werden. Denn in der Normalsprache ist der Erfahrungsschatz von Generationen gespeichert. Alles, was Generationen entdeckt haben, ist, nach Wittgenstein, im Gedächtnis der Sprache, im Wortschatz und in Redewendungen aufbewahrt. Wittgenstein distanziert sich deshalb von allen Formulierungen, die von der Sprache als Ausdruck des Geistes reden.

Übung 1:   do it your-self
Formulieren Sie Ihr Thema einmal in der Alltagssprache.

Übung 2:   do it your-self
Formulieren Sie Ihr wissenschaftliches Thema alltagssprachlich so um, dass es jeder Laie versteht. Überprüfen Sie dann die neue Verständlichkeit Ihres Themas im Gespräch, z.B. mit einer Putzfrau.

11.2 Ein wahrer Satz

Für <u>Wittgenstein</u> ist die Welt eine Welt aus Sätzen, die alle untereinander logisch verknüpft sind. *„Der Satz bejaht jeden Satz, der aus ihm folgt."* (L. Wittgenstein, a.a.O., S. 61)

do it
your-
self Übung:
Schreiben Sie zu Ihrem Thema einen Satz und dann alle möglichen Folgesätze. Prüfen Sie dann die logische Verknüpfung zwischen diesen Sätzen.

11.3 Worte befragen

<u>Wittgenstein</u> sagt: *„In der Philosophie führt die Frage ‚Wozu brauchen wir jenes Wort, jenen Satz?' immer wieder zu wertvollen Einsichten."* (L. Wittgenstein, a.a.O., S. 102)

do it
your-
self Übung:
Nehmen Sie die wichtigsten Thesen Ihres Referates oder Ihrer Hausarbeit. Klären Sie, welchen Nutzen diese Thesen haben.

11.4 Sprachanalyse

Der Prozess der Klärung der Sprache vollzieht sich für <u>Wittgenstein </u>in drei Stufen:
1. Stufe: Verwirrung: *„Ich kenne mich nicht aus."*
2. Stufe: Klärung: Versuch verschiedener Wege der Reformulierung des Themas Ihrer Hausarbeit / Ihres Referats in einfachen klaren Sätzen.
3. Stufe: Klarheit: *„Jetzt kenne ich mich aus."*
(L. Wittgenstein: Über Gewißheit. Frankfurt 1995, S. 82-86)

Übung:
Beschreiben Sie zuerst Ihre Verwirrung angesichts der ersten Formulierung Ihres Themas. Beschreiben Sie Ihre Erfahrung mit vielen Reformulierungsversuchen Ihres Themas. Stellen Sie fest, ob Sie sich auf der 3. Stufe nun besser fühlen und das Problem verschwunden ist.

11.5 Die Ordnung des Diskurses

Michel Foucault (1926-1984), der Philosoph des Diskurses aus Frankreich, zeigt, dass alle Sprache durch Macht bestimmt wird. *„In jeder Gesellschaft wird die Produktion des Diskurses zugleich kontrolliert, selektiert, organisiert und kanalisiert."* (M. Foucault: Die Ordnung des Diskurses. Berlin 1977, S. 7) Jede Gesellschaft versucht, *„das große Wuchern des Diskurses zumindest teilweise zu bändigen und seine Unordnung so zu organisieren, dass das Unkontrollierbarste vermieden wird."* (M. Foucault, a.a.O., S. 35)

Übung:
Stellen Sie fest, in welchem Diskurs, sei er männlich oder weiblich, sei er doktrinär oder liberal, sei er monetär oder idealistisch, Sie Ihr Thema behandeln wollen. Geben Sie dann Gründe für Ihre Diskurswahl an und reflektieren Sie zugleich Ihre Stellung zu der Macht, die alle Diskurse lizensiert. Die entscheidende Lizensierungsmacht besitzt dabei die Gemeinschaft der Wissenschaftler, die den jeweiligen Fachdiskurs beherrschen.

11.6 Lyotards Sprachanalyse bei Denkblockaden

Jean-François Lyotard (1924-1998), der Entdecker der Postmoderne aus Frankreich, schreibt in seinem ersten Hauptwerk „Das postmoderne Wissen", dass *„die wissenschaftliche Sprache heute in viele separate Sprachdiskurse zerfällt. Den vormodernen großen Erzählungen (der Welterklärung) wohnte selbst der Keim des Nihi-*

lismus inne." (J.-F. Lyotard: Das postmoderne Wissen. Wien 1994, S. 113) Die Sprache der postmodernen Wissenschaft ist diskontinuierlich, katastrophisch, nicht nachprüfbar und paradox. In seinem zweiten Hauptwerk „Der Widerstreit" stellte Lyotard fest: Es gibt viele wissenschaftliche Diskursarten und kein Kriterium für die Feststellung des wahren Diskurses. Jeder Diskurs zeigt die Angst, der nächste Satz könnte falsch sein. Nur die Menschenrechte sind der einzige Diskurs, der ein Minimum an Sicherheit bietet. Dominant wird heute aber der Diskurs des Geldes. (Vgl. J.-F. Lyotard: Der Widerstreit. Paris 1983)

do it your-self Übung:

Versuchen Sie erst gar nicht, Ihr Thema auf einen wahren Mega-Diskurs, auf eine der großen vormodernen Erzählungen zu gründen. Stützen Sie sich im Zweifelsfall auf die Menschenrechte. Formulieren Sie die Thesen Ihres Themas mal mit dem ständigen Bezug auf die Menschenrechte.

Literatur zur Sprachanalyse
Lorenz, K.: Elemente der Sprachkritik. Frankfurt 1970
Sandkühler, H.J. (Hrsg.): Enzyklopädie Philosophie. Hamburg 1999, Bd. 2, S. 1497-1501
Wittgenstein, L.: Tractatus Logico-philosophicus. Frankfurt 1963
Wittgenstein, L.: Über Gewißheit. Frankfurt 1995
Wuchterl, K.: Methoden der Gegenwartsphilosophie. Berlin 1999

12. Entwicklung denken

Schon Heraklit (544-483 v.Chr.) erkannte, dass „alles fließt".
Wie Geschichte als Raum des Werdens zu denken ist, wurde
zum langen Streit in der Philosophie. Beim Versuch, geschichtliche Entwicklungen zu denken, wurden verschiedene Modelle
entwickelt, die wir in diesem Kapitel vorstellen wollen:

1. Zyklentheorie
2. Fortschrittstheorie
3. Verfallstheorie
4. Widerspruchstheorie
5. Historische Geschichtstheorie

12.1 Zyklentheorie

Laotse (5. Jahrh.v.Chr.), der chinesische Taoist, nahm an, dass sich
die Welt aus Einem entwickelt, in die 10.000 Dinge entwirft, die
schließlich ins Eine zurückkehren. Er schrieb:
„Das Tao erzeugt die 1,
die Eins erzeugt die 2,
die Zwei erzeugt die 3,
die Drei erzeugt alle Dinge.
Die 10.000 Dinge kehren schließlich zum Einen zurück."
(Laotse: Tao-Te-King. Düsseldorf 1957, S. 85)

Die stoische Philosophie (300 v.Chr. – 300 n.Chr.) entwickelt die
Zyklentheorie zur Theorie der ewigen Wiederkunft weiter. Sie lehrt,
dass alles aus dem Feuer (Logos) entsteht und sich in die Elemente entwickelt. Die Elemente entwickeln sich in Weltperioden, die
sich durch Schöpfung, Entwicklung, Zerstörung und Neuschöpfung
auszeichnen. Alles fließt, aber alles kehrt auch wieder: *„Sokrates*
wird wieder seine Xanthippe heiraten. Sie wird ihm wieder das

Leben schwer machen. Anytos wird wieder die Klage gegen ihn einreichen und Sokrates wird wieder den Schierlingsbecher trinken. Alles wiederholt sich nach den ewigen Gesetzen des Logos." (M. Pohlenz: Die Stoa. Göttingen 1992, S. 81)

Der italienische Philosoph <u>Giovanni Battista Vico</u> (1668-1744) ging davon aus, dass sich in der Weltgeschichte in ewigen Umläufen drei Zeitalter wiederholen. Das Zeitalter der Götter, der Heroen und der Menschen. Das ergibt einen ewigen Wechsel von Barbarei, kulturellem Aufstieg und Niedergang.

Für <u>Friedrich Nietzsche</u> (1844-1900) ist die Weltgeschichte als ewige Wiederkehr in folgenden Stufen zu fassen: Ur-Nihilismus, Christentum, Überwindung des Nihilismus, Zeit des Übermenschen.

12.2 Fortschrittstheorie:

Die Aufklärung sah in der Geschichte einen endlosen Prozess des Fortschritts. Die Menschheit beginnt bei <u>Auguste Comte</u> (1798-1857) mit dem Naturzustand, dann entsteht Wissenschaft und Technik und schließlich verbreitet sich der technische Fortschritt auf der ganzen Welt.

12.3 Verfallstheorie

Schon <u>Johann W. Goethe</u> (1749-1832) sah in der Geschichte die Tendenz des Verfalls. Er erkannte in der <u>Weltgeschichte vier Phasen</u>:

1. Zeitalter der Poesie
2. Zeitalter der Theologie
3. Zeitalter der Philosophie
4. Zeitalter der Prosa

Für <u>Oswald Spengler</u> (1880-1936) zerfällt die Weltgeschichte in viele Kulturen, die alle nach biologischen Gesetzen in vier Phasen ihrem Untergang zustreben. Jede Kultur hat einen Frühling, einen

Sommer, einen Herbst und einen Winter. (Vgl. O. Spengler: Der Untergang des Abendlandes. München 1988, S. 72-749)

Auch die „Frankfurter Schule" um Adorno und Horkheimer, sieht in der Geschichte nur den drohenden Untergang. *„Die Behauptung eines in der Geschichte sich manifestierenden Weltplanes zum Besseren wäre nach den Katastrophen (zweier Weltkriege) und im Angesicht der künftigen (Atomkriege) zynisch."* (T.W. Adorno: Negative Dialektik. Frankfurt 1966, S. 297)

Paul Virilio (*1932), der Philosoph der endlosen Beschleunigung, erkennt: Die Geschichte löst sich in leere Bewegung auf. Die heute überall stattfindende Beschleunigung beim Computer, bei den Raketen, bei den Flugzeugen und bei der Kommunikation macht das Ende der Welt schon fühlbar. (Vgl. P. Virilio: Fahren, fahren, fahren. Berlin 1978)

12.4 Widerspruchstheorie

Georg W.F. Hegel (1780-1831) sieht in der Weltgeschichte den Widerspruch von Sein und Nichts am Werk. Als thetische Phase entsteht die orientalische Welt, als antithetische Phase die antike Welt und als synthetische Phase die christliche Welt.

Für Karl Marx (1818-1883) gliedern sich die Widersprüche von herrschender und beherrschter Klasse in drei antagonistische Geschichtsepochen: Sklavenhaltergesellschaft, feudale Gesellschaft und kapitalistische Gesellschaft.

12.5 Historische Geschichtstheorie

Leopold v. Ranke sieht im 19. Jahrhundert im Fortschrittsglauben eine Ungerechtigkeit der späteren Generationen gegenüber den früheren. *„Jede Epoche und ihr Wert beruht gar nicht auf dem, was aus ihr hervorgeht, sondern in ihrer Existenz selbst."* (L.v. Ranke: Über die Epochen der neueren Geschichte. Darmstadt 1980,

S. 7) Jede Epoche sollte als etwas für sich Gültiges angesehen werden.

Auch <u>Karl R. Popper</u> (1902-1994) lehnt jede Entwicklung, Über- oder Unterordnung von Epochen in der Geschichte ab. *„Alle Generationen sind vorübergehend. Alle haben das gleiche Recht, berücksichtigt zu werden."* (H. Seiffert: Einführung in die Wissenschaftstheorie. München 1991, Bd. 2, S. 68)

do it your-self Übung:

Versuchen Sie Ihr Thema geschichtlich zu entwickeln. Stellen Sie Ihr Thema einmal im Rahmen der Zyklen, dann als Fortschritt, dann als Verfall, dann als Widerspruch und schließlich als in sich geschlossene Einheit dar.

Literatur zum Denken von Entwicklung

Historisches Wörterbuch der Philosophie. Darmstadt 1974, Bd. 3, Sp. 344-398

Jaspers, K.: Vom Ursprung und Ziel der Geschichte. Frankfurt 1959

Löwith, K.: Weltgeschichte und Heilsgeschehen. Stuttgart 1953

Sandkühler, H.J. (Hrsg.): Enzyklopädie Geschichte. Hamburg 1999, Bd. 2, S. 1070-1093

Schäffler, R.: Einführung in die Geschichtsphilosophie. Darmstadt 1980

13. Lesen

Das Lesen ist eine Übung, die mit bewusster Absicht der Einwirkung auf die Förderung der Entwicklung eigener Ideen vorgenommen wird. Der Denkende sollte täglich Schlüssel-Texte zum Thema lesen, um Ideen zu produzieren.

Bedenken Sie: Kreatives Denken steigert sich durch das Finden von Schlüsseltexten und Schlüsselautoren im Meer der Textaturen. Schlüsseltexte sind neu, kurz, von den besten Fachleuten verfasst, gründlich, mit Überschau des Themas und oft in Zeitschriften zu finden. Schlüsselautoren sind die „Päpste" des Themas, an denen keiner vorbei kann.

Der Leseprozess solcher Texte umfasst folgende Phasen:

Phasen des Leseprozesses	Inhalte der Ideenfindung
1. Vorbereitungsphase	1. Eigene Ideen und Fragen zum zu lesenden Text sammeln
2. Intuitive Phase	2. Schnelles Lesen des Textes, um seine Grundideen zu erfassen
3. Produktive Phase	3. Langsames Lesen des Textes, um alle gestellten Fragen zu beantworten und neue Ideen zu entwickeln
4. Phase der Sicherung der Lesefrüchte	4. Zusammenfassung der gewonnenen Leseerkenntnisse durch Beantwortung der gesetzten Leitfragen

Diese Phasen können durch die das Lesen leitende Fragen gesteuert werden. Innerhalb der Phase 3 kann es auch zur Meditation einzelner Sätze kommen oder zur Umschreibung bestimmter Grundideen des gelesenen Textes, um dann im Lesen weitere eigene Ideen zu produzieren.

13.1 Sechs Lesemethoden

Der indische Philosoph Shankara (788-820) praktizierte sechs Lese-methoden, die wir sogleich, nachdem wir zu unserem Thema einen Schlüsseltext gefunden haben, an diesem üben wollen:

do it your-self übung 1: Methode: Anfang und Ende
Stellen Sie den Zusammenhang zwischen dem Anfang und dem Ende eines Schlüsseltextes zu Ihrer Hausarbeit bzw. zu Ihrem Referat dar.

do it your-self übung 2: Methode: Kerngedanke
Stellen Sie die Abwandlung des Kerngedankens im Schlüssel-text zu Ihrem Thema dar.

do it your-self übung 3: Methode: Originalität
Stellen Sie fest, welche Gedanken anderer Autoren im Schlüsseltext Ihres Themas benutzt wurden.

do it your-self übung 4: Methode: Ergebnis
Formulieren Sie den Inhalt Ihres Schlüsseltextes in einem Satz.

do it your-self übung 5: Methode: Lobrede
Stellen Sie den Wert des durch den Schlüsseltext gewonnenen Gedankens in einem lobenden Text dar.

do it your-self übung 6: Methode: Darstellung
Beweisen Sie nun den Kerngedanken Ihres Schlüsseltextes.

(Vgl. H. Zimmer: Philosophie und Religion Indiens. Frankfurt 1979, S. 38off.)

13.2 Mittelalterliches Lesen

Die mittelalterliche Philosophie praktizierte fünf Lesemethoden:
„1. Man sollte an alle Sätze eines Schlüssel-Textes die Frage „Warum?" stellen.

2. *Man sollte die wichtigsten Sätze umschreiben, sie z.B. in Lyrik verwandeln.*

3. *Man sollte die Kernbegriffe eines Schlüsseltextes allegorisch fassen, d.h. z.B. in mythische Figuren übersetzen.*

4. *Man sollte die wichtigsten Thesen eines Textes visualisieren.*

5. *Man sollte alle wichtigen Schlüsselzitate aus einem Schlüsseltext sammeln und als Gegenstände für die Meditation benutzen."*

(P. Rabbow: Seelenführung. München 1954, S. 221)

Übung:
Wählen Sie einen Schlüsseltext für Ihr Referat bzw. für Ihre Hausarbeit. Erschließen und verstehen Sie diesen Text mit diesen fünf Lesemethoden.

13.3 Lesen als Erfahrung der Unsterblichkeit

<u>Niccolò Machiavelli</u> (1469-1527) liest die Großen des Altertums und erlebt seine Initiation in die politische Wissenschaft. Vier Stunden an jedem Abend seines Exils las Machiavelli die Klassiker: *„Vier Stunden werde ich dessen nicht müde, vergesse allen Kummer, fürchte die Armut nicht mehr und fürchte mich nicht vor dem Tod, so ganz fühle ich mich unter sie versetzt ... Schließlich habe ich die Essenz von dem, was ich durch die Gespräche mit ihnen gelernt habe, niedergeschrieben."* (N. Machiavelli zit.n. O.O.A. Böhmer, a.a.O., S. 22)

Machiavelli infiziert sich beim Lesen mit den großen Denkern der Antike. Das Teilhaben an ihren Ideen gab ihm das Gefühl der Unsterblichkeit und verlieh ihm die Kraft zum politischen Autor.

Übung:
Stellen Sie sich die besten Autoren zu Ihrem Thema vor. Führen Sie Gespräche mit ihnen über Ihre Texte. Schreiben Sie die Ergebnisse der Gespräche mit den Autoren über Ihr Thema auf.

13.4 Lesen als Selbsterfahrung der Vernunft

Immanuel Kant liest Leonhard Eulers „Briefe an eine deutsche Prinzessin" und stößt dabei auf das Wesen der Vernunft. Kant eignete sich Eulers Gedanken von der Dialektik von Leib und Seele an. Ihm wurde nun nach langem Suchen klar, dass man die Gegensätze von Leib und Seele als anschaulich, aber nicht denkbar, bzw. denkbar, aber nicht anschaulich fassen konnte. Er entdeckte durch diese Lektüre die Antinomien und die Grenzen der Vernunft, deren Untersuchung er dann in seinem Hauptwerk „Kritik der reinen Vernunft" vollendete. (A. Gulyga: Immanuel Kant. Frankfurt 1981, S. 98)

do it your- self Übung:
Achten Sie auf die Widersprüche in gelesenen Texten zu Ihrem Thema, und versuchen Sie, diese Widersprüche zu lösen.

13.5 Inspirierendes Lesen

Johann Gottlieb Fichte liest Kant als Schlüsselautor und erlebt sich als glücklichsten Menschen der Welt. *„Ich lebe in einer neuen Welt, seitdem ich die „Kritik der praktischen Vernunft" von Kant gelesen habe. Sätze, von denen ich glaubte, sie seien unumstößlich, sind mir umgestoßen. Dinge, von denen ich glaubte, sie könnten mir nie bewiesen werden ... sind mir bewiesen ... Das waren die glücklichsten Tage, die ich verlebt habe. Von einem Tag zum anderen, verlegen um Brot, war ich dennoch damals vielleicht einer der glücklichsten Menschen auf dem weiten Rund der Erde."* (J.G. Fichte: Briefwechsel. Frankfurt 1968, S. 248)

Fichte wird durch das Lesen von Kant zum fruchtbarsten Autor des deutschen Idealismus. Er eignete sich nicht nur Kants Grundgedanken, sondern auch Kants Schreibstil durch sein intensives Lesen der Schriften Kants an.

Übung: do it your- self
Identifizieren Sie sich mit einem Schlüsselautor zu Ihrem
Thema. Imitieren Sie seine Grundgedanken und seinen
Schreibstil.

13.6 Lesen als Erfahrung der Ganzheit in Widersprüchen

Georg Wilhelm Friedrich Hegel liest in der Bibliothek des Schweizer Landgutes Tschugg und findet von den empirischen Erscheinungen zum abstrakten Wesen des Geistes. Er konnte eigene Gedanken auf den Weg bringen, die *„zuerst in das Chaos der Erscheinung hinabtauchten, ehe sie zur Klarheit und Detaillierung
des Ganzen"* kommen konnten. (J. Hoffmeister (Hrsg.): Briefe von
und an Hegel. Hamburg 1969, S. 249)

Hegel entdeckte bei seinem enzyklopädischen Lesen die dialektische Methode der Darstellung des Genesis des Geistes in der
Weltgeschichte. Der Geist schien ihm von These zu Antithese und
schließlich zur Synthese fortzuschreiten.

Übung: do it your- self
Versuchen Sie in einer dialektischen Skizze alles zusammenzufassen, was Sie bisher zu Ihrem Thema gelesen haben.
Vielleicht entdecken Sie Ihren Zugang zum Thema im Ganzen.

13.7 Lesen im Buch der Welt

Schopenhauer findet auf seiner Jugendreise durch Europa Erkenntnisse, die er in keinem Buch lesen konnte. Er entwickelte eine
Lesemethode der Realität, mit der sich ihm das Leiden als Grund-
potenz des Lebens enthüllte.

Übung:

Sehen Sie sich in der heutigen Gegenwart der Welt um.
Lesen Sie alle Hinweise auf Ihr Thema. Beschreiben Sie die
gegenwärtige Erscheinung Ihres Themas in der Welt.

13.8 Entdeckendes Lesen

<u>Sören Kierkegaard</u> (1813-1855) liest den Philosophen Schelling und
entwickelt eine existentialistische Kritik philosophischer Systeme.

*„Es geht den meisten Systematikern in ihrem Verhältnis zu
den Systemen wie einem Mann, der ein ungeheures Schloss baut
und selbst daneben in einer Scheune wohnt. Sie leben nicht selber in dem ungeheuren systematischen Gebäude. Aber in geistigen Verhältnissen ist und bleibt das ein entscheidender Einwand.
Geistig verstanden, müssen die Gedanken eines Mannes das Gebäude sein, in dem er wohnt – sonst ist es verkehrt."* (S. Kierkegaard
zit.n. P.P. Rohde: Sören Kierkegaard. Hamburg 1959, S. 110)

Kierkegaard entdeckt beim Lesen der großen Systeme des deutschen Idealismus, dass bei ihnen das Subjekt in seiner existentiellen Bedrohung, in seiner Angst und in seiner Krankheit zum Tode,
nicht vorkommt. Er entdeckt die Lücken in den philosophischen
Systemen, die er mit seinen Schriften auszufüllen versucht. Die
existentielle Kritik an den großen philosophischen Systemen findet dann in seinem Buch „Abschließende unwissenschaftliche
Nachschrift zu philosophischen Bissen" seinen Ausdruck.

Übung:

Entwickeln Sie erst eine vernichtende Kritik und dann eine
Lobeshymne auf einen gelesenen Schlüsseltext zu Ihrem
Thema. Was lernen Sie durch den Unterschied?

13.9 Methode gegen die Leseangst

<u>Sigmund Freud</u> (1856-1939) erlebte die Angst, dass die Erkenntnisse, die er gewonnen hatte, durch das Lesen fremder Literatur entwertet werden könnten. Gegen diese Angst half er sich mit der Methode: erst das eigene Denken aufschreiben, ehe man es mit dem fremden Denken konfrontiert.

Zur Zeit der Abfassung seines Hauptwerkes „Die Traumdeutung" schreibt er: *„Ich will zunächst mein Eigentum in Form gebracht haben, dann die Literatur eingehend studieren und nachher einschalten und umarbeiten, wozu die Lektüre Anlass geboten hat. Ich kann nicht lesen, ehe ich selbst nicht fertig bin und kann nur beim Schreiben ins Detail komponieren."* (S. Freud: Briefe an Wilhelm Fließ, Frankfurt 1992, S. 268)

Übung: **do it your-self**
Bevor Sie einen Text zu Ihrem Thema lesen, schreiben Sie alle Ideen auf, die der Titel eines zu lesenden Textes zu Ihrem Thema in Ihnen schon hervorruft. Nach dem Lesen vergleichen Sie Ihre Lesefrüchte mit Ihren eigenen Erst-Einfällen. Stellen Sie fest, wo Sie durch das Lesen des fremden Textes etwas zu Ihrem Thema dazugelernt haben.

13.10 Mehrfach lesen

<u>Mircea Eliade</u> (1907-1987) war als führender Religionswissenschaftler mit einer Fülle von religionsrelevanten Texten konfrontiert. Eliade hat lange Zeit viele Formen des Lesens ausprobiert, um der Fülle der Daten seines Faches Herr zu werden. Die überzeugendste Lesemethode wurde für Eliade das vertiefte oder Mehrfachlesen von Schlüsseltexten. Mit dieser Methode machte Eliade die zentrale Leseerfahrung des Stirb und Werde. Darüber berichtet er folgendes in seinem Tagebuch:

„18. Februar 1960: Der Sinn meiner ‚Gelehrsamkeit': Bevor ich nicht den ganzen ‚Stoff' (enorme Dokumentation) durchgeackert

habe, erfasse ich nicht den wahren Sinn; ich möchte mein Unter-
tauchen in den ‚Dokumenten' mit einem Einswerden mit dem Stoff
vergleichen – bis zur Grenze der körperlichen Widerstandskraft:
Wenn ich spüre, dass ich keine Luft mehr bekomme, dass ich
ersticke, steige ich wieder an die Oberfläche. Abstieg ins Zentrum
der toten Materie, einem Höllenabstieg vergleichbar. Indirekt ein
Todeserlebnis. In Dokumenten ertränkt, verschwindet, stirbt, was
in mir ‚persönlich', ‚original', ‚lebendig' ist. Wenn ich mich wieder-
finde, wenn ich ins Leben zurückkehre – sehe ich die Dinge an-
ders, verstehe ich sie.“ (M. Eliade: Im Mittelpunkt. Wien 197, S.
215)

Eliades Lesemethode des Mehrfachlesens entspricht der Lesemethode der Alchemie, die einmal sagte, man müsste einen Text
1000-mal lesen, um ihn überhaupt verstehen zu können.

**do it
your-
self** Übung:

Lesen Sie Eliades Tagebuch-Notiz vom 18. Februar 1960
fünfmal. Listen Sie dabei die Bilder auf, die bei jedem Lese-
durchgang zu seinen Aussagen in Ihrem Kopf entstehen.
Schreiben Sie dann einen abschließenden Text über die
Stirb-und-Werde-Leseerfahrungen Mircea Eliades.
Probieren Sie anschließend das Fünfmal-Lesen eines Schlüsseltextes zu Ihrem Thema in gleicher Weise, wie Sie es mit
dem Eliade-Text getan haben.

1. Lesung	2. Lesung	3. Lesung	4. Lesung	5. Lesung

13.11 40-mal Lesen

Der arabische Philosoph <u>Avicenna</u> (980-1037) hatte die „Metaphysik" des Aristoteles als Schlüsseltext 40-mal gelesen. Er kannte sie auch auswendig, *„wobei ich sie trotzdem nicht verstand und nicht, was damit gemeint sein sollte."* Als Avicenna dann einen guten Kommentar zur Metaphysik des Aristoteles las, *„da ging mir mit einem Mal der Sinn dieses Buches auf."*

Übung:
Welchen Schlüsseltext haben Sie für Ihre Hausarbeit schon mehrfach gelesen, ohne ihn zu verstehen? Wo könnten Sie einen Kommentar zu diesem Schlüsseltext finden, der Ihnen plötzlich den Sinn dieses Schlüsseltextes erschließt?

13.12 Produktives Lesen

<u>Karl R. Popper</u> liest Immanuel Kant als Schlüsselautor und findet zu seiner skeptischen Wissenschaftstheorie:

„Es war das eine Zeit, in der ich wieder und wieder Kants erste Kritik las. Ich kam bald zu dem Schluss, dass der Mittelpunkt seiner Lehre ist, dass die wissenschaftlichen Theorien von uns selbst erfunden werden. Und dass wir sie der Welt aufzuzwingen versuchen. Der Verstand schöpft seine Gesetze nicht aus der Natur, sondern er schreibt sie dieser vor. Aus der Verknüpfung dieser Bemerkung mit meinen eigenen Ideen kam ich etwa zu folgendem Ergebnis: Unsere Theorien, die mit primitiven Mythen anfangen und sich zu den Theorien der Wissenschaft weiterentwickeln, sind in der Tat Menschenwerk, wie schon Kant sagt. Wir versuchen, sie der Welt vorzuschreiben ... Aber, wenn wir auch zunächst an unseren Theorien festhalten müssen – ohne Theorien können wir nicht einmal beginnen, denn wir haben sonst nichts, an das wir uns halten könnten – so können wir doch im Laufe der Zeit ihnen gegenüber eine kritischere Haltung einnehmen. Wir können versuchen, sie durch etwas Besseres zu ersetzen, wenn

wir mit ihrer Hilfe die Stelle gefunden haben, an der sie uns im Stich gelassen haben. So kann es zu einer wissenschaftlichen oder kritischen Phase des Denkens kommen, der notwendig eine unkritische oder dogmatische Phase vorausgeht ... Ich ersetzte ... Kants Lehre von der Unmöglichkeit, die Dinge an sich zu erkennen, durch die Lehre von dem für immer hypothetischen Charakter unserer Theorien." (K.R. Popper: Ausgangspunkte. Meine intellektuelle Entwicklung. Hamburg 1979, S. 68)

Popper findet bei Kant Begriffe und Hypothesen, mit denen er seine eigene Philosophie entwickeln kann.

do it your- self Übung:
Welcher Text hat sie so gefesselt, dass er stilbildend für Ihr Denken zu Ihrem Thema geworden ist? Beschreiben Sie dann die grundlegenden Begriffe und Hypothesen des Modelltextes, dem Sie Ihr Denken über Ihr Thema eines Referats oder einer Hausarbeit verdanken.

13.13 Das bibliographische Lesen

Umberto Eco, der zeitgenössische Weltautor, hat das bibliographische Lesen sehr eindrucksvoll beschrieben: „Wenn ich in eine Bibliothek gehe ... habe ich drei Wege. Ich kann beim Schlagwortkatalog anfangen ... Ich kann im Lesesaal der Bibliothek nach Enzyklopädien suchen ... Ich kann mich mit meinen Fragen an den Bibliothekar wenden." (U. Eco: Wie man eine wissenschaftliche Abschlussarbeit schreibt. Heidelberg 1991, S. 111f.) Eco lässt sich dann von Quelle zu Quelle treiben und hat nach drei Nachmittagen in einer kleinen Provinzbibliothek folgendes Leseresultat: „Was ich zeigen wollte, ist, dass man in eine Provinzbibliothek gehen, von einem Thema nichts oder so gut wie nichts wissen und nach drei Nachmittagen von ihm eine hinreichend klare und vollständige Vorstellung haben kann." (U. Eco, a.a.O., S. 135)

Übung: **do it**
Beschreiben Sie Ihre Bibliotheks- bzw. Internetsuche nach **your-**
Quellen für Ihr Thema.   **self**

Allerdings stellt sich für Eco bei der Fülle der Literatur die Frage: „In welcher Reihenfolge soll man die Bücher lesen?" Ecos Antwort lautet:

„1. Zunächst soll man sich zwei oder drei allgemeine Texte der Sekundärliteratur zum Thema vornehmen.

2. Die wichtigsten primären Texte zum Thema lesen.

3. Wieder die Sekundärliteratur prüfen.

4. Zu den wichtigsten primären Texten zum Thema zurückkehren, um sie im Lichte der neu erworbenen Kenntnisse auf neue Ideen hin auszuwählen."

(U. Eco, a.a.O., S. 138)

Übung: **do it**
Stellen Sie Ihre selektive Lesestrategie bei Ihrem großen **your-**
Haufen von gefundener Literatur zum Thema in vier Schrit- **self**
ten, die Eco empfiehlt, dar.

13.14 Zufallslesen als Ideenfindung bei Denkblockaden

<u>Augustinus</u> liest einen Abschnitt der Briefe des Apostel Paulus und findet zum Glauben: *„Ich ... las stillschweigend den ersten Abschnitt, der mir in die Augen fiel ... Kaum hatte ich den ersten Satz beendet, durchströmte mich das Licht der Gewissheit und alle Schatten des Zweifels waren verschwunden."* (Augustinus: Bekenntnisse. Frankfurt 1961, S. 148f.)

Übung: **do it**
Machen Sie zu Ihrem Thema „Buchstechen". Schlagen Sie **your-**
an beliebiger Stelle ein Buch zu Ihrem Thema auf und le- **self**
sen Sie ein paar Sätze, auf die gerade Ihr Blick fällt. Beschreiben Sie die Wirkung dieses Verfahrens.

Literatur zum Lesen

Blumenberg, H.: Die Lesbarkeit der Welt. Frankfurt 1986

Eco, U.: Wie man eine wissenschaftliche Abschlussarbeit schreibt. Heidelberg 1991, S. 109-138

Gröben, N.: Leserpsychologie. Münster 1982-88, Bd. 1+2

Historisches Wörterbuch der Philosophie. Darmstadt 1980, Bd. 5, Sp. 231-234

Werder, L.v.: Wissenschaftliche Texte kreativ lesen. Berlin 1994

14. Schreiben

Das Schreiben dient der Vertiefung in den geschriebenen Inhalt durch die starke Rückwirkung des Schreibaktes auf unser Denken.

Schreiben dient auch der Fortentwicklung unserer Gedanken und der Erfassung neuer Ideen.

Schreiben erschließt nicht nur unser Denken, sondern lässt uns auch fremdes Denken, das man schreibend rezipiert, paraphrasiert und exzerpiert, verstehen.

Schreiben wirkt auf den Schreibenden als bewusste Stärkung und Besserung der Psyche als Anstoß zur Ideenfindung, aber auch als kathartische Befreiung von unbegriffenen Gefühlen.

Der Denk- und Schreibprozess gliedert sich in folgende Phasen:

Phasen des Schreibprozesses	Inhalte der Ideenfindung
1. Vorbereitungsphase	1. Ideen sammeln, Thesen aufstellen
2. Intuitive Phase	2. Gliedern der Ideen
3. Produktive Phase	3. Schreiben und Belegen der Ideen
4. Phase der Kritik	4. Die Ideen im Text verbessern und überarbeiten

14.1 Vier Hauptsätze schreiben

In der Schule des Epikur (341-271 v.Chr.) war es üblich, die Grundlehren der Philosophie der Lust in vier Hauptsätze zu fassen.
Die vier Hauptsätze des Epikur lauten:
- *„Vor Gott braucht man sich nicht zu fürchten.*
- *Der Tod erzeugt keine Angst.*
- *Das Gute ist leicht zu beschaffen.*
- *Das Schlimme dauert nicht lange.*
(Epikur: Gedanken. München 1962, S. 12)

do it your- self Übung:
Schreiben Sie die vier Hauptsätze zu Ihrem Thema eines Referats oder einer Hausarbeit.

14.2 Briefe schreiben

Epikur (341-271 v.Chr.), der 380 Bücher geschrieben hat, von denen nur ein halbes Buch überliefert wurde, entwickelte das Prinzip, seine Grundideen in Briefen an seine Schüler zu entwickeln.

do it your- self Übung:
Schreiben Sie die ersten Ideen zu Ihrem Thema in einem Brief oder einer E-Mail an einen guten Freund oder eine Freundin. Beziehen Sie dann den zu erwartenden Antwortbrief in Ihre Arbeit am Referat mit ein.

14.3 Einen Lehrsatz vertiefen

Vom Stoiker Chrysippos (280-206 v.Chr.) ist das philosophische Schreiben im Ausgang von einem Lehrsatz überliefert: „Chrysippos setzte sich oft mit dem nämlichen Lehrsatz auseinander, indem er alles, was ihm gerade einfiel, zu Papier brachte, es häufig wieder verbesserte und mit einer übergroßen Anzahl von Belegstellen ausstattete." (Diogenes Laertius: Leben und Meinungen berühmter Philosophen. 1990, Bd. 2, S. 93)

Übung:
Schreiben Sie einen Satz zu Ihrem Thema nieder. Setzen Sie sich dann mit diesem Satz auseinander, indem Sie alles, was Ihnen zu diesem Lehrsatz einfällt, zu Papier bringen, es dann verbessern und mit Zitaten anderer Autoren belegen und erweitern.

do it your-self

14.4 Schreib-Meditationen

René Descartes' (1596-1650) wichtigste überlieferte Schreibmethode ist die philosophische Meditation. Er beschreibt sie in seinem Hauptwerk „Meditationen" folgendermaßen: *„Ich will jetzt meine Augen schließen, meine Ohren verstopfen und alle meine Sinne ablenken, auch die Bilder der körperlichen Dinge sämtlich aus meinem Bewusstsein tilgen oder doch, da sich dies kaum tun lässt, sie als eitel und falsch gleich nichts erachten. Ich will mich nur mit mir selber unterreden, tiefer in mich hineinblicken, versuchen, mir mich selbst nach und nach bekannter und vertrauter zu machen."* (R. Descartes: Meditationen. 1965, S. 27)

Übung:
Schließen Sie die Augen. Beachten Sie Ihre spontanen Gedankeneinfälle nicht. Spalten Sie Ihr Ich in zwei Personen, die sich über Ihr Thema unterhalten. Reden Sie also als Ich 1 und Ich 2. Öffnen Sie dann die Augen und schreiben Sie das Resultat Ihres Selbstgesprächs über Ihr Thema in ein paar Sätzen nieder.

do it your-self

14.5 Automatisches Schreiben

Die Begründerin der theosophischen Philosophie Helena Petrovna Blavatsky (1831-1892) schrieb ihre großen Werke automatisch. Sie sagte: *„Nicht ich bin es, der schreibt, sondern etwas in mir, mein höheres und lichteres Selbst, das für mich denkt und schreibt."* So schrieb sie dann bis zu 17 Stunden am Tag auf „höhere Weisung". (G. Wehr: Spiritueller Meister des Westens. München 1982, S 152)

**do it
your-
self** Übung:

Schreiben Sie sofort einige Sätze über Ihr Thema, ohne viel Überlegung und ohne jede Zensur. Stellen sie dann fest, ob Sie einen Gedanken gefasst haben, der zu Ihrem Thema etwas beisteuert.

14.6 Dauerndes Schreiben

Immanuel Kant (1724-1804) hatte seit seiner frühen Jugend die Gewohnheit, jede Idee sofort zu Papier zu bringen. In der Regel griff er zu Zetteln, die ihm zufällig gerade in die Hände fielen. Außerdem schrieb er beim Lesen von Büchern auf deren unbedruckten Seiten *„alles auf, was ihm gerade in den Sinn kam. Diese Bücher ... waren also mit Tausenden handschriftlichen Anmerkungen übersät ... Alle handschriftlichen Reflexionen Kants füllen zehn Bände – das sind mehr als die veröffentlichten Arbeiten ... so verfügt der moderne Leser über eine Art wissenschaftliches Tagebuch von Kant."* (A. Gulyga: Immanuel Kant. Frankfurt 1985, S. 82f.) Auch Kants Hauptwerk „Die Kritik der reinen Vernunft" ist aus einer Fülle von Zetteln, im Laufe von elf Jahren geschrieben und dann, geordnet, entstanden.

**do it
your-
self** Übung:

Eifern Sie Kant nach. Schreiben Sie alle Ideen, die Ihnen beim Nachdenken oder beim Lesen zu Ihrem Thema kommen, sofort auf. Ordnen Sie nach einer gewissen Zeit Ihre Notizen. Sie werden dabei Ihre besten Ideen finden.

14.7 Die Patchwork-Methode

Albert Schweitzer (1875-1965), Nobelpreisträger und Urwaldarzt, arbeitete seine Ideen nach der Patchwork-Methode aus: *„Ohne Hast entwarf ich nach und nach Skizzen, in denen ich ohne Rücksicht auf die geplante Gliederung des Werkes den Stoff zusammentrug und sichtete. Danach fing ich an, einzelne Abschnitte auszuarbeiten."* (A. Schweitzer: Aus meinem Leben und Denken. Frankfurt 1997, S. 142)

Übung: **do it**
Probieren Sie bei Ihrem Thema Schweitzers Schreibmethode   **your-**
aus: **self**

1. Ideenskizzen zum Thema
2. Sichtung und Ordnung der Skizzen
3. Ausarbeitung der Skizzen zu einem Referat / einer Hausarbeit

14.8 Freewriting

Sigmund Freud (1856-1939), der Entdecker der Psychoanalyse, praktizierte Freewriting. Freud entwickelte bei der Erforschung und Darstellung seiner Wissenschaft ein Schreibverfahren, das seinem Gegenstand absolut angemessen war: Er schrieb nach unbewussten Impulsen. So teilt er seinem Freund Wilhelm Fließ mit:

„Teurer Wilhelm! Hier ist sie (Offenbar eine Vorfassung des späteren 7. Kapitels seines Hauptwerkes „Traumdeutung"). Ich habe mich entschlossen, sie aus der Hand zu geben. Persönliche Intimität hätte nicht hingereicht, es gehörte unsere intellektuelle Aufrichtigkeit voreinander dazu. Sie ist ganz dem Unbewussten nachgeschrieben nach dem berühmten Prinzip von Itzig dem Sonntagsreiter. ‚Itzig, wohin reit'st Du?' – ‚Weiß ich, frag das Pferd.' Ich wusste bei keinem Satzanfang, wo ich landen werde. Es ist natürlich nicht für den Leser geschrieben, der Versuch einer Stilisierung

nach den ersten zwei Seiten aufgegeben. Natürlich glaube ich
aber doch an die Resultate. In welche Form der Inhalt sich endlich
fügen wird, ahne ich noch gar nicht." (S. Freud. Briefe an Wilhelm
Fließ 1887-1904. Frankfurt 1986, S. 348f.)

do it
your-
self Übung:
Schreiben Sie zu einer Kernidee Ihres Themas alle Einfälle
ganz schnell nieder, ohne jede Kontrolle, ohne zu wissen,
wo Sie landen werden und welche Form Ihr Referat oder
Ihre Hausarbeit schließlich erhalten kann.

14.9 Streng logisch schreiben

Leonard Nelson (1882-1927) orientierte sich in seinem Schreiben
immer am Schreibstil Immanuel Kants. Von ihm übernahm er folgende Prinzipien philosophischen Schreibens:

„1. Ein philosophischer Text sollte die Ideen ruhig, klar und ein-
fach vortragen.

2. Beim Schreiben sind die Denkgesetze und die Logik zu be-
rücksichtigen.

3. Die naturwissenschaftlichen Denkmethoden sind auch für das
philosophische Schreiben verbindlich. Bei der Naturforschung
herrscht allerdings die Beobachtung durch die äußeren Sinne
und das induktive Schließen (vom Konkreten auf das Abstrak-
te) vor, während bei der psychologischen Forschung die Be-
nutzung der inneren Sinne, also die Selbstbeobachtung, gilt."

(L. Nelson: Gesammelte Schriften. Hamburg 1976, Bd. 5, S. 77ff.)

do it
your-
self Übung:
Versuchen Sie, Ihr Referat bzw. Ihre Hausarbeit ruhig, klar
und einfach zu formulieren. Bleiben Sie immer logisch. Als
Naturforscher halten Sie sich an die Induktion, als Psycho-
loge und Philosoph an die Selbstbeobachtung. Was leisten
diese Prinzipien für das Schreiben Ihres Referates bzw. Ihrer Hausarbeit? Entwickeln Sie im Falle eines besonderen
Bedarfs bessere.

14.10 Eliades Schreibreise

„Meine Schreibreise über 30 und mehr Jahre", schreibt der Religionswissenschaftler M. Eliade (1907-1986), *„erscheint mir heute wie die Wegstrecke einer langen Initiationsreise … Wie oft hatte ich mich beinahe verloren, mich in diesem Labyrinth verirrt, indem ich Gefahr lief, getötet, sterilisiert, kastriert zu werden … Die größte Gefahr war dabei, zu vergessen, dass ich ein Ziel hatte, dass ich nach etwas unterwegs war, in ein Zentrum gelangen wollte."* (M. Eliade: Im Mittelpunkt. Wien 1973, S. 197)

Übung:
Schreiben Sie jetzt genau das Zentrum und Ziel auf, auf das Sie beim Schreiben Ihres Referats oder Ihrer Hausarbeit unterwegs sind.

do it your-self

14.11 Zehnmal Umschreiben

Khalil Gibran (1883-1931), der libanesische Philosoph der Seelenwanderung, entwarf 1898 als Gymnasiast die erste Fassung seines Hauptwerkes „Der Prophet". Er arbeitete diesen Text 25 Jahre lang um. Er schrieb ihn zehnmal neu. Erst 1923 hat er dann die endgültige Fassung des „Propheten" veröffentlicht.

Übung:
Nehmen Sie die erste Fassung Ihres Referats bzw. Ihrer Hausarbeit und fertigen Sie neun weitere Fassungen an. Sie werden dabei ganz neue Aspekte Ihres Themas erfassen.

do it your-self

14.12 Schreiben in Trance

Über Ken Wilber (*1949), den bekanntesten US-Philosophen, wird folgendes berichtet: *„Ken liest hier mal etwas, da mal etwas, redet mit denen und jenen … Dann setzt er sich morgens früh um* *fünf Uhr hin und schreibt und schreibt, kaum dass er zwischendurch eine Kleinigkeit isst und trinkt, bis abends um zehn Uhr. Das geht so Wochen und Monate, bis die Rohfassung des Buches da ist. Dann braucht er nur noch zu feilen und zu polieren."* (K. Wilber: Vom Tier zu den Göttern. Freiburg 1997, S. 15)

do it your-self Übung:

Machen Sie es wie Ken Wilber. Lesen Sie zu Ihrem Thema etwas. Reden Sie über Ihr Thema. Setzen Sie sich dann von morgens um fünf Uhr hin und schreiben Sie automatisch bis abends um zehn Uhr. Am nächsten Tag feilen und polieren Sie Ihren Text.

14.13   Schreibendes Beten bei Denkblockaden

Kannte die antike Philosophie das Schreiben von Texten als Form des Philosophierens, so entwickelte die Philosophie des Mittelalters das schreibende Beten, *„zur Vertiefung des geschriebenen Inhalts und wegen der Rückwirkung des Betens auf unser inneres Leben."* (P. Rabbow: Seelenführung. München 1954, S. 212f.)

Auch Avicenna (980-1037), der arabische Philosoph, nutzte das Gebet zur Lösung schwieriger Denkprobleme: *„Ich pflegte die Moschee aufzusuchen und zum Schöpfer des Alls zu beten und zu flehen, dass er mir das Verschlossene auftun und das Schwere leicht machen möge."* (G. Strohmaier: Avicenna. München 1999, S. 24)

do it your-self Übung:

Richten Sie ein Wunschgebet an den „Gott der Philosophen", dass er Ihnen bei der Lösung der Denk- und Schreibprobleme Ihres Referates helfen möge.

14.14 Heilendes Schreiben bei Schreib- und Denkblockaden

Sören Kierkegaard (1813-1855), der dänische Entwickler des Existentialismus, erfand das heilende Schreiben. Anlass war seine Liebeskrise mit Regine, von der er sich trennen musste. Kierkegaard schrieb, um überhaupt sein seelisches Gleichgewicht aufrecht zu erhalten. Er teilte mit: *„Eine ungeheure Schwermut, innere Leiden ... alles, alles konnte ich bewältigen – wenn ich schreiben durfte."* (P.R. Rohde: Sören Kierkegaard. Hamburg 1959, S. 24)

Diese Position vertrat auch E.M. Cioran (1911-1998), der Philosoph, der nie schlafen konnte und immer an Selbstmord dachte. Er mahnte: *„Schreiben ist die einzige Behandlung, wenn man keine Arzneien nimmt. Dann muss man schreiben. Auch der Akt des Schreibens ist eine Genesung ... Formulierung ist Heilung, auch wenn man Unsinn schreibt, auch wenn man überhaupt kein Talent hat."* (O.A. Böhmer: Sternstunden der Philosophie. München 1994, S. 190)

Übung: **do it yourself**
Sollten Sie beim Suchen von Ideen für Ihr Referat bzw. Ihre Hausarbeit ganz verzweifelt werden, dann schreiben Sie einfach weiter, egal, was für Ideen auf das Papier kommen. Es könnten die richtigen sein und es könnte helfen.

14.15 Der existentielle Schreibort bei Denkblockaden

Martin Heidegger (1889-1976), der bekannteste deutsche Philosoph des 20. Jahrhunderts, brauchte einen besonderen Schreibort. Seine eigentliche Schreibheimat war die Hütte in Todtnauberg im Hochschwarzwald, auf die es ihn immer zog, sobald die Semesterarbeit beendet war. Stets freute er sich auf die starke Luft der Berge. *„Dieses weiche leichte Zeug hier unten ruiniert einen auf die Dauer. Holzarbeit – dann wieder schreiben."* Auf der

Hütte wurde das Hauptwerk „Sein und Zeit" geschrieben, *„dort, wo das Leben rein, einfach und groß vor der Seele liegt."* (H. Otto: Martin Heidegger. Frankfurt 1988, S. 123) Heidegger schreibt über sein Schreiben auf der Hütte: *„Wenn in tiefer Winternacht ein wilder Schneesturm mit seinen Stößen um die Hütte rast, alles verhängt und verhüllt, dann ist die hohe Zeit der Philosophie. Ihr Fragen muss dann einfach und wesentlich werden."* (V. Farias: Heidegger und der Nationalsozialismus. Frankfurt 1989, S. 239f.) Auf der Hütte erfuhr Heidegger auch das automatische Denken. Heidegger schrieb: *„Es denkt in mir. Ich kann mich nicht dagegen wehren."* (R. Safranski: Ein Meister aus Deutschland. Heidegger und seine Zeit. München 1994, S. 366)

do it your- self Übung:
Beschreiben Sie Ihren idealen Schreibort für Ihr Referat, wo es in Ihnen ganz automatisch denkt.

14.16 Rat gegen Schreibstörungen

E.M. Cioran (1911-1998), der große Nihilist und Mystiker, wusste auch gegen Schreibstörungen einen Rat. Allen, die am Schreiben verzweifeln, weil sich kein klarer Gedanke festhalten lässt, riet er: *„Gehe 20 Minuten auf einen Friedhof, und du wirst sehen, dass dein Kummer zwar nicht verschwunden, doch fast vergessen und überholt sein wird ... Ich habe stets solche Methoden praktiziert bzw. empfohlen, obgleich sie nicht unbedingt seriös anmuten, doch sie sind in jedem Fall ziemlich wirksam."* (E.M. Cioran: Zersplitternde Gewissheiten. Frankfurt 2002, S. 115f.)

do it your- self Übung:
Gehen Sie bei Schreibstörungen und Schreibverzweiflung 20 Minuten auf einen Friedhof. Schreiben Sie danach mit neuem Elan.

Literatur zum wissenschaftlichen Schreiben

Belanoff, P. u.a.: Nothing begins with N. New Investigations of Freewriting. Carbondale 1991

Boice, R.; Meyers, P.E.: Two Parallel Traditions: Automatic Writing and Freewriting. In: Written Communication 3 (Okt. 1986), S. 471-490

Elbow, P.: Writing with Power. New York 1981

Elbow, P.: Writing without Teachers. New York 1973

Historisches Wörterbuch der Philosophie. Darmstadt 1992, Bd. 8, Sp. 1417-1431, 1431-1439, 1439-1442

Martinich, A.P.: Philosophical Writing. Englewood Cliffs 1989

Rosenberg, J.F.: Philosophieren. Frankfurt 1994

Watson, R.A.: Writing Philosophy. Carbondale 1992

Werder, L.v.: Lehrbuch der philosophischen Lebenskunst für das 21. Jahrhundert. Berlin 2000

„Es gilt, eine kreative Philosophie
der Kreativität selbst zu entwickeln,
die modernen methodologischen
Gesichtspunkten Rechnung trägt."
(H. Lenk, Philosoph)

B Halle 2 der Ideenfabrik: Komplexe Methoden für das Finden von Ideen

1. **Dialogik**
2. **Dialektik**
3. **Phaenomenologie**
4. **Hermeneutik**
5. **Meditation**
6. **Tagebuch**

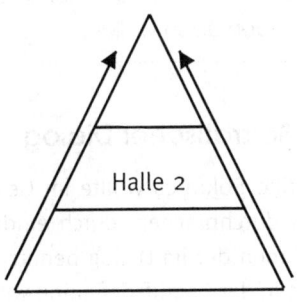

Halle 2

1. Dialogik

Philosophie kann den Eindruck erwecken, Denken sei nur in der Einsamkeit möglich. Allerdings erfährt der Einzelne in der radikalen Einsamkeit oft den Abgrund des Nicht-Seins, das ihn zur Suche nach dem Du treibt.

Denn: Seit Entstehung des Ich's in der Evolution hängt das Dasein des Ichs von anderen Ichs ab. Selbstbewusstsein ist nicht ohne anderes Selbstbewusstsein möglich. Ich muss mich in anderen Ichs wiedererkennen und unterscheiden können, um zu mir selbst Ich sagen zu können.

Wahrheit ist nur möglich, wenn es sie nicht für mich, sondern auch für andere gibt. Ich kann meiner selbst nicht gewiss werden, wenn das andere Ich nicht auch seiner selbst gewiss ist. Da Philosophie keine Geborgenheit in einer festen Gemeinschaft oder in einem geschlossenen Weltbild kennt, ist sie, jenseits der inneren Selbsttätigkeit, auch auf Kommunikation mit anderen angewiesen. *„Kommunikation ist für den Menschen der entscheidende Ursprung ... Wenn die endgültige Geborgenheit fehlt."* (K. Jaspers: Philosophie. 1956, Bd. I, S. 106)

Die philosophische Kommunikation über ein Referat oder eine Hausarbeit hat verschiedene Formen entwickelt, die wir im Folgenden üben wollen.

1.1 Sokratischer Dialog

Der antike Sokrates wollte im Gespräch das alltägliche Routinedenken durchbrechen, durch eindringliches Bestehen auf klaren Definitionen der im Dialog benutzten Begriffe. Auftretende Widersprüche in der Begriffsdefinition wurden von Sokrates sofort scharf durchleuchtet. Das Ziel des sokratischen Dialogs war die Vermittlung der Einsicht in das Nicht-Wissen der Dialogpartner bei dem

Versuch einer Lösung des besprochenen Problems. Die sokratische Dialogform wurde in der Geschichte der Philosophie von Platon, Giordano Bruno, Voltaire, David Hume und Schelling als wichtige philosophische Textform weiterentwickelt.

Übung: **do it**
Erfinden Sie zwei Dialogpartner A und B, die sich über Ihr   **your-**
Referat oder Ihre Hausarbeit im Dialog austauschen. Schrei-   **self**
ben Sie diesen Dialog nun auf und führen Sie ihn zu dem
Ende, dass beide Dialogpartner ihr unterschiedliches Wissen über eine Lösung des besprochenen Problems einge-
stehen müssen.

1.2 Schweigen und Einsamkeit gefährden das Ich

Das Schweigen fördert die Gefahr, aus Angst vor Kommunikation nur noch zu schweigen. Die Einsamkeit des Schweigens führt zum leeren Ich am Abgrund. Manches Ich verhärtet sich und verschließt sich in einer derartigen Stille. *„Es bleibt das unergründliche Weinen in der Stille, das abgründige Schweigen."* (K. Jaspers: Philosophie. Berlin 1956, Bd. II, S. 80

Übung: **do it**
Versenken Sie sich in tiefes Schweigen über Ihr Thema.   **your-**
Beschreiben Sie die Resultate dieses Schweigens.   **self**

1.3 Der Dialog Sartre – Beauvoir

Es gibt in der neueren Philosophie wichtige Dialogbeziehungen. Karl Marx verhandelte oft mit Friedrich Engels über sein Hauptwerk „Das Kapital". Theodor W. Adorno kämpfte mit Max Horkheimer um die „Dialektik der Aufklärung". Einen berühmten Dialog führten auch J.-P. Sartre und Simone de Beauvoir – ein Leben lang.

Jeder Text Sartres wurde von Beauvoir als erste kritisch unter die Lupe genommen. *„Sie zerlegte seine Theorien ... Sie trieb Sartre dazu, seine Überlegungen fortzusetzen ... Sie durchsiebte seine Ideen."* (C. Francis, F. Goutier : Simone de Beauvoir. Reinbek 1993, S. 155) Sartre und Beauvoir philosophierten gemeinsam *„in ihren Unterhaltungen, in ihren Briefen und im Austausch ihrer Notizhefte."* (C. Francis, F.Goutier, a.a.O., S. 155) Waren beide getrennt, führten sie im Geiste innere Dialoge mit dem Partner.

do it your-self Übung:
Führen Sie über Ihr Referat einen freien inneren Dialog mit einem gegengeschlechtlichen Partner. Schreiben Sie dann diesen Dialog sofort nieder.

1.4 Der Dialog Arendt – Heidegger

Als Martin Heidegger (1889-1976) an seinem Hauptwerk „Sein und Zeit" schrieb, erlebte er von 1924-28 die große „Passion" seines Lebens: die außereheliche Liebe zu Hannah Arendt (1906-1975), die später die Philosophin des Holocaust werden sollte. Zwischen ihnen begann nach dem Ende der Leidenschaft ein lebenslanger geistiger Dialog: *„Heidegger hielt sie über seine Schriften und Vorträge auf dem Laufenden, und sie hat ihn ihrerseits um seinen Rat in philosophischen Fragen gebeten ... Ein häufig wiederkehrender Satz in ihren Briefen an ihn lautete: ‚Mein Denken hätte sich nicht so entwickelt, wie es geschah ... Er inspirierte mein Denken.'"* (E. Ettinger: Hannah Arendt – Martin Heidegger. München 1995, S. 13)

do it your-self Übung:
Schreiben Sie einen Brief an einen lieben Menschen. Bitten Sie ihn um Rat in allen Fragen, die Ihr Referat bzw. Ihre Hausarbeit betreffen.

1.5 Ein Diskurs bei Denkblockaden

Jürgen Habermas (*1929), der bekannteste deutsche Philosoph der Gegenwart, nimmt an, dass das Philosophieren im Ausgang vom Individuum nutzlos ist. Der Mensch kann nur als „Intersubjektivität" begriffen werden. Habermas' intersubjektive Philosophie „der kommunikativen Kompetenz" setzt auf das öffentliche Streitgespräch. Dieses Streitgespräch muss folgende Bedingungen erfüllen:

„1. *Alle potentiellen Teilnehmer eines Diskurses müssen die gleiche Chance haben, kommunikative Sprechakte zu verwenden.*

2. *Alle Diskursteilnehmer müssen die gleichen Chancen haben, Deutungen, Behauptungen, Empfehlungen, Erklärungen und Rechtfertigungen aufzustellen und deren Geltungsanspruch zu problematisieren.*

3. *Zum Diskurs sind nur Sprecher zugelassen, die als Handelnde gleiche Chancen haben, repräsentative Sprechakte zu verwenden, d.h. ihre Einstellungen, Gefühle und Wünsche zum Ausdruck zu bringen.*

4. *Zum Diskurs sind nur Sprecher zugelassen, die als Handelnde die gleichen Chancen haben, regulative Sprechakte zu verwenden, d.h. zu befehlen und sich zu widersetzen, zu erlauben und zu verbieten."*

(J. Habermas: Vorstudien und Ergänzungen zur Theorie des kommunikativen Handelns. Frankfurt 1984, S. 177f.)

Übung:
Arrangieren Sie zum Thema Ihres Referats ein diskursives Rollenspiel. Laden Sie gleichberechtigte Mitdiskutanten ein. Tragen Sie die Thesen Ihres Referats vor und lassen Sie alle Thesen bis zur Zustimmungsfähigkeit durch die Diskutanten hinterfragen. Formulieren Sie dann Ihre Thesen und Ideen mit der Kraft der Gruppe neu.

Literatur zur Dialogik

Buber, M.: Ich und Du. Heidelberg 1961

Habermas, J.: Theorie des kommunikativen Handelns. Frankfurt 1981, Bd. 1+2

Habermas, J.: Vorstudien und Ergänzungen zur Theorie des kommunikativen Handelns. Frankfurt 1984

Historisches Wörterbuch der Philosophie. Darmstadt 1972, Bd. 2, Sp. 226-229

Horster, D.: Das sokratische Gespräch in Theorie und Praxis. Opladen 1994

Jaspers, K.: Philosophie. 1956, Bd. 1

Loska, R.: Lehre ohne Belehrung. Leonard Nelsons neosokratische Methode der Gesprächsführung. Bad Heilbrunn 1995

Sandkühler, H.J. (Hrsg.): Enzyklopädie Philosophie. Hamburg 1999, Bd. 1, S.255-256

Schmöders, C.: Die Kunst des Gesprächs. München 1986

Waldenfels, B.: Das Zwischenreich des Dialogs. Den Haag 1971

2. Dialektik

> Dialektik beschreibt die Erforschung der Wahrheit durch das Aufzeigen und die Überwindung von Widersprüchen.
> Sie ist eine Logik des Widerspruchs.

2.1 Nagarjuna gegen Aristoteles

Dialektik entstand ursprünglich in Indien. Indiens größter Philosoph Nagarjuna (2. Jahrh.n.Chr.) schlug folgenden dialektischen Denkweg vor:

„1. Schritt: A ist.
2. Schritt: A ist nicht.
3. Schritt: A ist sowohl als auch nicht.
4. Schritt: A ist weder noch ist es nicht."
(K. Jaspers: Laotse, Nagarjuna. München 1978, S. 78)

Mit diesen vier Schritten werden die Grundlagen der aristotelischen Logik aufgehoben. Diese aristotelischen Grundlagen lassen sich in drei Sätzen fassen:

> 1. Der Satz von der Identität. (A ist gleich A)
> 2. Der Satz vom Widerspruch. (A ist nicht gleich Nicht-A)
> 3. Der Satz vom ausgeschlossenen Dritten. (A kann nicht gleichzeitig A und Nicht-A sein, genauso wenig wie es gleichzeitig weder A noch Nicht-A sein kann)

Übung: **do it**
Benutzen Sie einmal Nagarjunas vier Denkschritte. Setzen **your-**
Sie dabei den Kernbegriff Ihres Themas als seiend, dann **self**
als nicht-seiend, dann als zugleich seiend und nicht-seiend, dann weder als seiend noch als nicht-seiend. Stellen Sie fest, was Sie bei dieser dialektischen Übung über Ihren Begriff gelernt haben.

2.2 Kants Dialektik

Immanuel Kant (1724-1804) entwickelte nicht die Dialektik. Er kam nur bis zur Lehre von den antithetischen Urteilen der Vernunft als Vorstufe der Dialektik. Die Vernunft erkennt über den Kosmos die These: „Der Kosmos hat einen Anfang" und die Antithese: „Der Kosmos hat keinen Anfang". Über die Dinge entwickelt die Vernunft die These „Alle Dinge entstammen einer Substanz" und die Antithese „Jedes Ding enthält viele Substanzen". Über die Freiheit sagt die Vernunft als These: „Der Mensch ist frei" und als Antithese: „Der Mensch unterliegt den Gesetzen der Natur". Über Gott gilt der Widerspruch als These: „Gott ist der Ursprung der Welt" und die Antithese: „Die Welt hat keine erste Ursache". (I. Kant: Werke. Darmstadt 1962, Bd. 2, S. 412-435) Diese Widersprüche konnte Kant nicht auflösen.

do it your- self Übung:
Entwickeln Sie zu dem Thema Ihrer Hausarbeit so viele Thesen und Antithesen wie möglich.

2.3 Negatives Denken

Dialektik wird in Europa eigentlich erst durch den Philosophen G.W.F. Hegel (1770-1831) begründet. Hegel hat seine Vorstellungen vom dialektischen Denken in seiner Einleitung zu seiner „Wissenschaft der Logik" folgendermaßen dargestellt: *„Das einzige, um den wissenschaftlichen Fortgang zu gewinnen, ist die Erkenntnis des logischen Satzes, dass das Negative ebenso sehr positiv ist."* (G.W.F. Hegel: Wissenschaft der Logik. Das Sein. Hamburg 1986, S. 21) Dieser Satz steht im Gegensatz zum Satz vom Widerspruch des Aristoteles. Aber Hegel beharrt, dass das Negative positiv ist. Denn durch die Negation löst sich das Widersprechende nicht in Null, wie das abstrakte Nichts, auf, sondern wesentlich nur in die Negation seines besonderen Inhalts. Durch diese Negation entsteht „*ein neuer Begriff, aber der höhere, reichere Begriff als der vorhergehende.*" (G.W.F. Hegel, a.a.O., S. 21) Dialektik besteht dann, wenn die Negation zu einer höheren und reicheren Stufe des Denkens, d.h. zu neuen Ideen führt. Diese Einbeziehung des Negativen in das Denken hat für Hegel wegen des Vorkommens des Negativen im Ganzen, d.h. in Gott, Welt und Geschichte, seine absolute Notwendigkeit. Die Notwendigkeit, das Negative im Denken festzuhalten, beschwört Hegel durch die Erinnerung an die Negation, die der Tod für das Leben darstellt.

„*Der Tod, wenn wir jene Unwirklichkeit so nennen wollen, ist das Furchtbarste, und das Tote festzuhalten, das, was die größte Kraft erfordert ... Aber nicht das Leben, das sich vor dem Tode scheut und von der Verwüstung rein bewahrt, sondern das ihn erträgt und in ihm sich erhält, ist das Leben des Geistes. Er gewinnt seine Wahrheit nur, indem er in der absoluten Zerrissenheit sich selbst findet. Diese Macht ist er nicht, als das Positive, welches von dem Negativen wegsieht, wie wenn wir von etwas sagen, dies ist nichts oder falsch, und nun, damit fertig, davon weg zu irgend etwas anderem übergehen; sondern er ist diese Macht nur, indem er dem Negativen ins Angesicht schaut, bei ihm verweilt. Dieses Verweilen ist die Zauberkraft, die das Negative in das Sein umkehrt.*" (G.W.F. Hegel: Phänomenologie des Geistes. Hamburg 1952, S. 29f.)

Das Denken findet also seine Kraft nicht im Positiven, sondern nur, wenn es dem Negativen ins Angesicht blickt. Dann erhebt sich das Denken aus der Zerrissenheit der Widersprüche und erfasst die Synthese von Sein und Nicht-Sein. Hegels Logik schließt deshalb mit dem Satz von der Negation der Negation: „*Das Sein, indem es ist, das nicht zu sein, was es ist und das zu sein, was es nicht ist – als diese einfache Negativität seiner selbst ist es das Wesen.*" (G.W.F. Hegel: Wissenschaft der Logik. Das Sein. Hamburg 1986, S. 275) Viele andere Bücher Hegels arbeiten mit dem dialektischen Dreischritt. So unterscheidet er in der Philosophie des Geistes den subjektiven vom objektiven und vom absoluten

Geist. Den objektiven Geist wiederum unterteilt er in Recht, Moralität und Sittlichkeit, den absoluten Geist gliedert er in die antithetischen Elemente Kunst, Religion und Philosophie. Hegel begründet die Grundstruktur der Dialektik: Das unmittelbare Leben als Positives, den Tod als Negation und den Geist, der, auf einer höheren Stufe der Synthese, den Tod umkehrt, und die Synthese des Seins gewinnt.

do it Übung:
your-
self Schreiben Sie alles Negative auf, das in Ihrem Thema enthalten ist.

2.4 Dialektische Formel

Hegels Dialektik wird oft in der dialektischen Formel zusammengefasst. In seiner „Wissenschaft der Logik" geht Hegel im ersten Abschnitt vom Sein als der **These** zum Nichts als **Antithese** über, um dann zum Werden als der geschichtlichen Einheit von Sein und Nichts der **Synthese** zu kommen. In dieser dialektischen Formel ist das dynamische Element das Negative. Sobald zu einer positiven These die negative Antithese gefunden ist, beginnt eine ideenproduzierende Dynamik zu arbeiten. Das Negative setzt die These in Bewegung und leitet damit zur Findung der Idee der Synthese über.

Die dialektische Formel lässt sich bei Hegel häufig finden. Bei der Entwicklung der Unendlichkeit Gottes argumentiert er:

These: *„Nur Gott ist."*

Antithese: *„Gott ist aber nur durch Vermittlung seiner mit sich. Er will das Endliche. Er setzt sich als ein Anderes und wird dadurch selbst zu einem Anderen seiner, zu einem Endlichen, denn er hat ein Anderes sich gegenüber. Dies Anderssein aber ist der Widerspruch seiner mit sich selbst."*

Synthese: *„Doch dies Bestehen des Endlichen muss sich wieder aufheben, denn es ist Gottes. Es ist sein Anderes und ist dennoch in der Bestimmung des Anderen Gottes."*

(G.W.F. Hegel: Vorlesungen über die Philosophie der Religion. Frankfurt 1986, Bd. 1, S. 191)

Bei der Frage der Negation Gottes (dem Tod Gottes bei Nietzsche) argumentiert Hegel in folgender Dialektik:

These: *„Gott ist gestorben. Gott ist tot – dieses ist der fürchterlichste Gedanke, dass alles Ewige, alles Wahre nicht ist."*

Antithese: *„Die Negation ist selbst in Gott."*

Synthese: *„Der Verlauf aber bleibt hier nicht stehen, sondern es tritt eine Umkehrung ein. Gott erhält sich nämlich in diesem Prozess und dieser ist nur der Tod des Todes. Gott steht wieder auf zum Leben: Es wendet sich somit zum Gegenteil."*

(G.W.F. Hegel: Vorlesungen über die Philosophie der Religion. Frankfurt 1986, Bd. 2, S. 291)

Versuchen wir uns nun ein wenig in hegelscher Dialektik zu üben:

Übung 1:   **do it your-self**
Schreiben Sie alle Thesen nieder, die sich aus dem Thema Ihres Referates oder Ihrer Hausarbeit ergeben.

Übung 2:   **do it your-self**
Verwandeln Sie alle diese Thesen in antithetische Ideen um.

Übung 3:   **do it your-self**
Leiten Sie aus allen Paaren von Thesen und Antithesen Ihre Synthesen ab.

Übung 4:   **do it your-self**
Um zu einem dialektisch aufgebauten Ideennetz zu kommen, sollten Sie jeder Synthese wieder mit neuen Antithesen widersprechen.

2.5 Dialektische Texte

Mit diesen Übungen können Sie ein stufenartiges Ideennetzwerk entwickeln, das sich in vier Stufen folgendermaßen darstellt:

1. These und Antithese 1

2. Synthese 1 und Antithese 2

3. Synthese 2 und Antithese 3

4. Synthese 3

2.6 Materialistische Dialektik

Die dialektische Methode lässt sich später bei <u>Karl Marx</u> (1818-1883) in seinem Hauptwerk „Das Kapital" finden. So beginnt Marx das vierte Kapitel des ersten Buches als These mit der allgemeinen Formel des Kapitals, darauf folgen die antithetischen Widersprüche der allgemeinen Formel des Kapitals, die dann als Synthese zu den Bestimmungen vom Kauf und Verkauf der Arbeitskraft führen. Die dialektische Formel durchzieht dann auch die Geschichtstheorie von Marx, die sich im „Kommunistischen Manifest" (1848) als Bewegung von sich bekämpfenden Klassen darstellt.

Marx war sich seiner Abhängigkeit von Hegels Dialektik wohl bewusst. Marx schrieb 1858 an Engels: Beim Nachdenken über die Ware *„hat es mir einen großen Dienst geleistet, dass ich ... Hegels Logik wieder durchgeblättert habe. Wenn je wieder Zeit für solche Arbeiten kommt, hätte ich große Lust ... das Rationelle an der dialektischen Methode, die Hegel entdeckt hat, ... dem gemeinen Menschenverstand zugänglich zu machen."* (K. Marx, F. Engels: Briefe über das Kapital. Berlin 1954, S. 79)

Noch deutlicher wird Marx in einem Brief von 1868: *„Hegels Dialektik ist die Grundform aller Dialektik, aber nur nach Abstreifung*

*ihrer mystischen Form, das gerade unterscheidet meine Metho-
de."* (K. Marx, F. Engels, a.a.O., S. 159f.)

Marx und Engels sahen in Hegels idealistischer Dialektik eine
Konstruktion, in ihrer materialistischen Dialektik aber eine richtige
Darstellung der Entwicklung von Tatsachen. Engels schreibt 1898:
*„Vergleichen Sie einmal die Entwicklung bei Marx von der Ware
zum Kapital mit der bei Hegel vom Sein zum Wesen … Hier die
konkrete Entwicklung, wie sie sich aus den Tatsachen ergibt, dort
die abstrakte Konstruktion."* (K. Marx, F. Engels, a.a.O., S. 332)

Übung:
Prüfen Sie, ob die dialektische Darstellung des Themas Ihres Referats eine Konstruktion oder eine Tatsachenentwick-
lung ist.

2.7 Gesetze der materialistischen Dialektik

<u>Friedrich Engels</u> (1820-1895), der engste Mitarbeiter von Karl Marx,
hat die Dialektik als die Wissenschaft der Entwicklungsgesetze
der Natur, der Gesellschaft und des Denkens definiert.

Engels legte drei Hauptgesetze der Dialektik fest:
„1. Das Umschlagen von der Quantität in Qualität und umgekehrt
*2. Gegenseitiges Durchdringen der polaren Gegensätze und In-
einander-Umschlagen, wenn auf die Spitze getrieben.*
*3. Entwicklung durch den Widerspruch oder Negation der Negati-
on."*
(K. Marx, F. Engels: Werke. Berlin 1962, Bd. 20, S. 307, 348)

Das **Umschlagen der Quantität in Qualität** zeigt sich z.B. bei der
*„Kooperation, der Verschmelzung vieler Kräfte in eine Gesamt-
kraft, die eine neue Kraftpotenz erzeugt, die wesentlich verschieden ist von der Summe ihrer Einzelkräfte."* (K. Marx, F. Engels:
Werke, Bd. 20, S. 118)

do it yourself Übung:

Umfasst Ihr Thema Prozesse des Umschlagens von Quantität in Qualität, also Prozesse, wo eine quantitative These durch eine Antithese in eine qualitative Synthese bewirkt wird? Entwickeln Sie dialektische Ideen zu Qualitätsänderungen im Bezug auf Ihr Thema.

Das **gegenseitige Durchdringen der Gegensätze** ist ein Kennzeichen des Lebens. *„Wenn wir das Leben in seiner Bewegung betrachten, erkennen wir die wechselseitige Einwirkung der Dinge und Menschen aufeinander ... Da geraten wir sofort in Widersprüche."* (K. Marx, F. Engels: Werke, Bd. 20, S. 112)

do it yourself Übung:

Betrachten Sie die Lebensrealität Ihres Themas. Erkennen Sie da nicht sofort Widersprüche? Listen Sie diese Widersprüche auf.

Die **Negation der Negation** lässt sich in vielen Geschichtsprozessen finden. In der Philosophiegeschichte wird z.B. der alte Materialismus des Demokrit abgelöst durch den Idealismus Platons. Platon wird wieder negiert durch den modernen Materialismus von Marx und Engels. *„Die Negation der Negation ist nicht die bloße Wiedereinsetzung des Alten, sondern durchaus etwas Neues."* (K. Marx, F. Engels : Werke, Bd. 20, S. 129)

do it yourself Übung:

Steht Ihr Thema in einer geschichtlichen Entwicklung? Baut Ihr Thema als Antithese auf einer alten These auf und können Sie Ihr Thema zu einer Synthese fortführen? Entwickeln Sie zu Ihrem Thema ein Ideennetzwerk der Negation der Negation.

2.8 Chinesische Dialektik

Mao Tse Tung (1893-1976), der große Steuermann der chinesischen Revolution, schreibt: *„Das Gesetz des Widerspruchs, der den Dingen innewohnt, oder das Gesetz der Einheit der Gegensätze, ist das fundamentalste Gesetz der materialistischen Dialektik."* (Mao Tse Tung: Ausgewählte Werke. Peking 1968, Bd. 1, S. 365)

Weitere Gesetze der Dialektik bei Mao heißen:
1. Es gibt immer einen Kampf zwischen idealistischer und dialektischer Weltanschauung.
2. Der Widerspruch ist allgemein und absolut. Er existiert in allen Entwicklungsprozessen der Dinge und durchdringt alle Prozesse von Anfang bis Ende.
3. Der Erkenntnisprozess ist selbst ein Widerspruch. Er führt vom Besonderen zum Allgemeinen und vom Allgemeinen zum Besonderen.
4. Im Entwicklungsprozess eines komplexen Dinges gibt es immer eine ganze Reihe von Widersprüchen. Unter diesen Widersprüchen ist stets einer der Hauptwiderspruch. Seine Existenz bestimmt die Entwicklung der anderen Widersprüche.
5. Der Antagonismus ist die wichtigste Form des Kampfes der Gegensätze, aber die Methoden zur Lösung der Gegensätze sind immer verschieden.

(Mao Tse Tung, a.a.O., S. 365-406)

Übung:
Klären Sie fünf Aspekte Ihres Themas dialektisch:
1. Wie heißt Ihr Thema in idealistischer und wie in dialektischer Sicht?
2. Welche Widersprüche zeigt Ihr Thema?
3. Wie entwickelt sich Ihr Thema als Thesenreihe vom Konkreten zum Allgemeinen und vom Allgemeinen zum Konkreten?

4. Was ist der Hauptwiderspruch in Ihrem Thema und was sind die Nebenwidersprüche?

5. Welche Antagonismen bestimmen den Hauptwiderspruch Ihres Themas und mit welchen Methoden ist dieser Widerspruch zu lösen?

Literatur zur Dialektik

Heiss, R.: Wesen und Form der Dialektik. Köln 1959

Historisches Wörterbuch der Philosophie. Darmstadt 1972, Bd. 2, Sp. 164-226

Kesselring, T.: Die Produktivität der Antinomie. Hegels Dialektik. Frankfurt 1984

Sandkühler, H.J. (Hrsg.): Enzyklopädie Philosophie. Hamburg 1999, Bd. 1, S. 243-255

Seiffert, H.: Einführung in die Wissenschaftstheorie. München 1991, Bd. 2, S. 273-306

Wuchterl, K.: Methoden der Gegenwartsphilosophie. Bern 1999, S. 101-137

3. Phaenomenologie

Die Phaenomenologie tritt mit dem Anspruch auf, von den „Sachen selbst" auszugehen. Die Sachen sind die Erscheinungen der Sachen im Alltagsbewusstsein. Das Phaenomen, von dem die Phaenomenologie ausgeht, ist das im Alltagsleben im Bewusstsein Vorhandene oder im Bewusstsein Erscheinende. Das im Bewusstsein Erscheinende steht dort nicht isoliert, sondern erscheint immer im Kontext anderer Bedeutungsinhalte. Die unbezweifelbaren Phaenomene stammen aus elementaren Bewusstseinsinhalten, die uns in absoluter Weise sicher gegeben sind und alles komplizierte Wissen durch Zusammensetzung begründen.

Auf die Phaenomene stößt man durch systematische Urteilsenthaltung, d.h. durch die Reduktion auf einfache Erkenntnisse. Alles wird im Bewusstsein durch Skepsis ausgeschieden, was nicht zum Phaenomen selber gehört. Damit entfällt folgendes: Alles angelernte Wissen, alles durch Tradition vermittelte, alles Persönliche, alles Zufällige. Wenn das alles wegfällt, erscheint das Wesen der Sache.

Das phaenomenologische Denken lässt sich als Abbau trivialer Aspekte des Alltagsbewusstseins vorstellen. Es ist dabei immer *„vom individuellen Erlebnis als dem positiv zugänglichen Ausgangspunkt der Selbstbeobachtung auszugehen."* (K.H. Lembeck: Einführung in die phaenomenologische Philosophie. Darmstadt 1994, S. 34)

Nach der phaenomenologischen Reduktion ergibt sich das wirklich Evidente oder die Einstellung des sinnvoll Gemeinten im Bewusstsein. Die Stärke der phaenomenologischen Methode liegt in ihrem Charakter als Lebenswissenschaft, als Erhellung der alltäglichen Lebenswelt.

Das phaenomenologische Denken arbeitet nach folgenden Regeln:

1. Man soll sich die Sachen geistig vorstellen und schauen.
2. Im Denken soll man sich ausschließlich auf die Sache konzentrieren mit vollständiger Ausschaltung alles Subjektiven.
3. Man soll alles, was in der Schau gegeben ist, soweit als möglich sehen.
4. Die Ergebnisse der Schau, nämlich die Zustände, Erlebnisse und Gefühle, sollen dann deskriptiv beschrieben werden.
5. Ein hinter den Phaenomenen liegendes „Ding an sich" ist für die Phaenomenologie ohne jedes Interesse.

3.1   Die Methode der Skepsis

Edmund Husserl (1858-1938), der Erfinder der phaenomenologischen Schau, schreibt: *„In unserer Lebensnot ... hat diese Wissenschaft uns nichts zu sagen. Gerade die Fragen schließt sie prinzipiell aus, die für den in unseren unseligen Zeiten den schicksalsvollsten Umwälzungen preisgegebenen Menschen die brennendsten sind ... die Fragen nach Sinn oder Sinnlosigkeit dieses ganzen menschlichen Daseins."* (E. Husserl: Die Krises der europäischen Wissenschaften und die transzendentale Phaenomenologie. Hamburg 1982, S. 4)

Die Frage nach dem Sinn beantwortete aber die phaenomenologische Methode der Epoché oder Reduktion. Diese Methode wird bei Husserl folgendermaßen formuliert: *„Setze ich alle Stellungnahmen zum Sein oder Nicht-Sein der Welt aus ... so ist mir innerhalb dieser Epoché doch nicht jede Seinsgeltung verwehrt. Ich, das die Epoché vollziehende Individuum, bin im gegenständlichen Bereich derselben nicht eingeschlossen, vielmehr – prinzipiell – ausgeschlossen. Ich bin notwendig als ihr Vollzieher ... es ist also evident, dass ich doch wäre als Zweifelnder, alles Negierender. Ein universeller Zweifel hebt sich selbst auf."* (E. Husserl, a.a.O., S. 85)

„Indem ich aber unzweifelhaft bin, ist auch alles das unzweifelhaft, was mich hervorgebracht hat und erhält. Durch die Epoché bin ich zu derjenigen Seinssphäre vorgedrungen, die prinzipiell allem Erdenklichen für mich Seienden und ihren Seinssphären vorangeht als ihre absolut apodiktische Voraussetzung ... ich, das Vollzugs-Ich der Epoché, bin das einzig absolut Zweifellose, jede Zweifelsmöglichkeit prinzipiell Ausschließende." (E. Husserl, a.a.O., S. 86)

Diesen Weg der Epoché wollen wir für das Thema unseres Referats in drei methodischen Schritten nachvollziehen.

Phaenomenologische Methode des Zweifelns	Eigene Einfälle zum Thema aufschreiben
1. Dubito: Ich zweifle	1. Schreiben Sie alles auf, woran Sie bei Ihrem Thema zweifeln.
2. Cogito: Ich denke	2. Beschreiben Sie dann sich selbst als den, der an allem zweifelt.
3. Ergo sum: Ich bin	3. Beschreiben Sie nun, was alles vorgegeben sein muss, damit Sie als Zweifler überhaupt an allen Aspekten Ihres Themas zweifeln können.

Übung:
Nachdem Sie sich Ihre Einfälle aufgeschrieben haben, fassen Sie in ein paar Sätzen zusammen, zu welchem Resultat Sie bei Ihrem Thema mit der phaenomenologischen Methode gekommen sind.

do it yourself

So viel ist schon deutlich:
Die phaenomenologische Methode ist im Kern Meditation.

3.2   Die phaenomenologische Meditation

E. Husserl beschreibt seine Meditationsmethode als Praxis des Bruches mit der alltäglichen Denkroutine: *„Jeder, der ernstlich Philosoph sein will, muss sich einmal im Leben auf sich selbst zurückziehen und in sich den Umsturz aller ihm bisher geltenden Wissenschaften und ihren Neubau versuchen."* (E. Husserl: Cartesianische Meditation. Hamburg 1977, S. 4) Als erstes Resultat seiner Meditation hält Husserl fest: *„Das Außergeltungsetzen aller Erstellungsnahmen zur vorgegebenen objektiven Welt ... stellt uns nicht einem Nichts gegenüber. Was uns vielmehr ... dadurch zu eigen wird ... ist mein reines Leben mit seinen Allgemeinheiten, das Universum der Phaenomene."* (E. Husserl, a.a.O., S. 229)

do it your-self   Übung 1:

Schließen Sie die Augen und konfrontieren Sie sich mit dem Erlebnisstrom Ihres Bewusstseins, den ständig wechselnden Gedankeneinfällen. Stellen Sie dann folgendes fest:
1. Welche Zeitform,
2. welche Raumform,
3. welche Intentionalität (Zielgerichtetheit) hat Ihr innerer Bewusstseinsstrom?
4. Stellen Sie auch fest, welche Phaenomene der äußeren Realität sich in Ihrem Ich spiegeln
5. und welche anderen Menschen in Ihrem Bewusstseinsstrom vorkommen.

Fassen Sie Ihre Meditationserfahrungen nun in ein paar Sätzen zusammen. Nach dieser Übung werden Sie wissen, dass Sie in Ihrem Bewusstseinsstrom durch ein Ihr Ich übersteigendes Ich gelenkt werden, das Glied einer Gemeinschaft *„übersteigender Ichs ist, die eine unerschlossene und plausible und zweifelsfreie Welt konstituieren."* Die Welt enthüllt sich in der husserlschen Meditation als Welt gemeinsamer plausibler gedeuteter Inhalte.

Übung 2:

do it your-self

Vollziehen Sie nun die phaenomenologische Meditation zu dem Thema Ihres Referats bzw. Ihrer Hausarbeit.

- Schließen Sie die Augen.
- Konfrontieren Sie sich mit Ihren ständig wechselnden Gedankeneinfällen zu Ihrem Thema.
- Stellen Sie fest, welche Intentionalität des Denkens sich in Bezug auf Ihr Thema entwickelt.
- Stellen Sie Ihre Ich-Anteile am Thema fest.
- Stellen Sie fest, welche Menschen bzw. Wissenschaftler Sie mit Ihrem Thema in Ihrem Bewusstsein verbinden.

Fassen Sie nun Ihre Erkenntnisse zu Ihrem Thema beschreibend-schriftlich zusammen.

Literatur zur Phaenomenologie

Bochenski, J.M.: Die zeitgenössischen Denkmethoden. München 1954, S. 22-36

Historisches Wörterbuch der Philosophie. Darmstadt 1989, Bd. 7, Sp. 486-505, 505-516

Husserl, E.: Cartesianische Meditationen. Hamburg 1977

Husserl, E.: Die Krisis der europäischen Wissenschaften und die transzendentale Phaenomenologie. Hamburg 1982

Lembeck, K.-H.: Einführung in die phaenomenologische Philosophie. Darmstadt 1994

Sandkühler, H.J. (Hrsg.): Enzyklopädie Philosophie. Hamburg 1999, Bd. 2, S. 1013-1016

Seiffert, H.: Einführung in die Wissenschaftstheorie. München 1991, S. 27-56

4. Hermeneutik

Hermeneutik ist die Lehre vom Verstehen, besonders von wissenschaftlichen Texten. Das Verstehen, auch von wissenschaftlichen Texten, baut auf der alltäglichen Fähigkeit des Menschen auf, das Fremde und das Andere zu verstehen. *„Verstehen und Interpretation sind so im Leben selber immer regsam und tätig, ihre Vollendung erreichen sie in der kunstmäßigen Auslegung lebensmächtiger Werke."* (W. Dilthey: Die Entstehung der Hermeneutik. In: Ders.: Gesammelte Schriften. Leipzig 1924, Bd. V, S. 328)

Nach W. Dilthey (1833-1911), der die Hermeneutik neu formulierte, entwickelt sich die Fähigkeit des Verstehens durch das ganze Leben hindurch. Dabei bildet sich im Verstehen immer ein Vorverständnis heraus, mit dessen Hilfe man alles Neue zu verstehen sucht.

4.1 Der hermeneutische Zirkel

Das Verstehen verstrickt sich in einen Zirkel. Das Neue soll verstanden werden, und doch kann man es zuerst nur im Lichte des Alten sehen. Das Ganze soll verstanden werden, und doch sind zuerst nur Teile verstehbar, aus denen dann das Ganze erschlossen werden muss. Die Formel für den hermeneutischen Zirkel lautet: *„Aus den einzelnen Worten und deren Verbindung soll das Ganze eines Werkes verstanden werden, und doch setzt das volle Verständnis des Einzelnen schon das Ganze voraus."* (W. Dilthey, a.a.O., S. 330)

Die hermeneutische Methode kann nach Dilthey den hermeneutischen Zirkel in folgender Weise annähernd auflösen:
1. Schritt: Herstellung eines Vorverständnisses eines Textes
2. Schritt: Versuche der Erfassung des Grundgedankens dieses Textes

3. Schritt: Erschließung des Grundgedankens des Textes durch seine Teilgedanken und seine Teilgedanken dann durch seinen Grundgedanken.

Dilthey beschreibt diesen methodischen Dreischritt des Verstehens folgendermaßen:
1. Schritt: Man beginnt mit einer Übersicht der Gliederung, welche mit einer flüchtigen Lesung zu vergleichen ist.
2. Schritt: Tastend umfasst man dann den ganzen Zusammenhang des Textes.
3. Schritt: Damit erst beginnt die eigentliche Interpretation des Textes und ihre schriftliche Fixierung.
(W. Dilthey, a.a.O., S. 330)

Übung: **do it your-self**
Wählen Sie einen Schlüsseltext für Ihr Referat oder Ihre Hausarbeit aus. Erarbeiten Sie den Sinn dieses gewählten Textes in drei hermeneutischen Schritten:
1. Schritt: Feststellung Ihres Vorverständnisses des Textes durch Überfliegen desselben
2. Schritt: Lesung des ganzen Textes und Darstellung seines Kerninhaltes in eigenen Worten
3. Schritt: Interpretation des Kerninhaltes

Am Ende der Praxis des hermeneutischen Verstehens steht für Dilthey die Erkenntnis: *„So bleibt alles Verstehen immer nur relativ und kann nie vollendet werden."* (W. Dilthey, a.a.O., S. 330)
Allerdings kann der Vergleich der Interpretationsergebnisse mehrerer Schlüsseltexte zu Ihrem Referat oder Ihrer Hausarbeit die hermeneutische Entwicklung eigener Ideen vorantreiben.

Übung: **do it your-self**
Lesen Sie drei Schlüsseltexte mit Hilfe der hermeneutischen Methode und versuchen Sie dann, die gewonnenen Erkenntnisse für Ihr Thema zusammenzufassen.

4.2 Klärung von Begriffen

Diltheys Hermeneutik wurde von <u>Hans-Georg Gadamer</u> (1900-2001) ausgebaut. *„Hermeneutik ist vor allem eine Praxis, die Kunst des Verstehens und des Verständlichmachens … Was es dabei vor allem zu üben gilt, ist … die Sensibilität für die in Begriffen liegende Vorbestimmtheit, Vorgreiflichkeit und Vorprägung."* (H.-G. Gadamer: Selbstdarstellung. In: J. Grondin: Gadamer Lesebuch. Tübingen 1997, S. 16) So wird Hermeneutik bei Gadamer auch die Bemühung um die Begriffsgeschichte.

do it your-self Übung:

Identifizieren Sie in Ihrem ersten Schlüsseltext alle zentralen Begriffe. Erschließen Sie den Sinn dieser Begriffe begriffsgeschichtlich. Schlagen Sie deshalb diese Begriffe in einem historischen Lexikon des Faches, aus dem der Schlüsseltext stammt, nach. Versuchen Sie mit dem Wissen um die begriffsgeschichtlichen Hintergründe des Schlüsseltextes eine neue Interpretation dieses Textes.

Die Hermeneutik im Sinne Gadamers ist aber mehr. Sie geht von der Einsicht aus, dass alle Erkenntnis Verstehen ist. Jedes Kind gewinnt durch das Lernen der Muttersprache einen Weg der Welterkenntnis. Jede Welterkenntnis ist aber Überlieferung. Wissenschaftliches Denken fängt keineswegs bei Null an, sondern *„hat die Sprache, die wir sprechen, weiterzudenken und weiterzusprechen."* (H.-G. Gadamer, a.a.O., S. 20)

do it your-self Übung:

Nehmen Sie den ersten Satz Ihres Schlüsseltextes und schreiben Sie ihn mit eigenen Ideen weiter.

Denn: *„Unser Denken bleibt nicht stehen bei dem, was einer mit diesem und mit jenem meint. Denken weist stets über sich hinaus."* (H.-G. Gadamer, a.a.O., S. 24)

4.3   Dialog mit Texten

Das Verstehen ist für Gadamer der Versuch des Dialogs mit einem wissenschaftlichen Text. Dieser Dialog *„als Dialog mit dem Denken eines Denkers, ist ein unendliches Gespräch"*. (H.-G. Gadamer, a.a.O., S. 26)

Übung: **do it**
Schreiben Sie einen Dialog zwischen Ihnen selbst und dem   **your-**
Autor Ihres Schlüsseltextes über den Sinn dieses Schlüssel-   **self**
textes. Beginnen Sie Ihren Dialog mit einer Frage und stellen Sie sich vor, wie der Autor Ihre Frage beantwortet. Schreiben Sie dann Fragen und Antworten so lange auf, bis Ihnen
der Sinn des Schlüsseltextes erschöpft zu sein scheint.

Die hermeneutische Methode der Sinnerfassung fremder Texte ist für Gadamer keine „absolute Position", sondern ein Weg der Erfahrung. Jede Textdeutung sollte durch den weiteren Fortgang des Gesprächs mit jeden weiteren wissenschaftlichen Schlüsseltexten überholt werden.

Übung: **do it**
Lesen Sie Ihren Schlüsseltext dreimal: **your-**
                                                              self
1. Überfliegen Sie ihn.
2. Lesen Sie ihn von Abschnitt zu Abschnitt.
3. Lesen Sie von Satz zu Satz.

Vergleichen Sie jeweils Ihre Leseerkenntnisse nach jeder Lesung. Stellen Sie fest, wie sich Ihre Texterkenntnis von der ersten bis zur dritten Lesung erweitert.

4.4   Revision der Vorurteile

Gadamers Hauptwerk „Wahrheit und Methode" wurde zum Grundbuch der modernen Hermeneutik. In diesem Buch wendet sich Gadamer gegen die Verteufelung aller Vorurteile durch die Aufklärung. „*Die Vorurteile des Einzelnen sind weit mehr als seine Urteile die geschichtliche Wirklichkeit seines Seins.*" (H.-G. Gadamer: Wahrheit und Methode. Tübingen 1990, S. 281) Die Vorurteile und Vormeinungen des Interpreten stehen diesem nicht zu freier Verfügung. Das Verstehen „*ist nicht so sehr als eine Handlung der Subjektivität zu denken, sondern als Einrücken in ein Überlieferungsgeschehen, in dem sich Vergangenheit und Gegenwart beständig vermitteln.*" (H.-G. Gadamer, a.a.O., S. 295) Beim Verstehen von Quellen stehen wir immer wie heutige Zwerge auf den Schultern von früheren Denkriesen. Textverstehen bedeutet, „*in konzentrischen Kreisen die Einheit des verstandenen Sinnes zu erweitern, weil die Einstimmung aller Einzelheiten zum Ganzen ... das jeweilige Kriterium für die Richtigkeit des Verstehens ist.*" (H.-G. Gadamer, a.a.O., S. 297)

Die Vermittlung der Einzelheiten mit dem ganzen Sinn des Textes kann nicht nach allgemeinen Regeln erfolgen, stellt Gadamer in „Wahrheit und Methode" fest. „*Hier helfen uns allein unser Verstand, unsere Klugheit und mitunter auch das Glück.*" (U. Tietz: Hans-Georg Gadamer. Hamburg 2000, S. 67)

do it yourself Übung:
Stellen Sie fest, wo die Grenzen der Interpretation eines Schlüsseltextes für Ihr Referat oder Ihre Hausarbeit liegen. Begründen Sie dann die Grenzen Ihres Textverständnisses.

Literatur zur Hermeneutik

Gadamer, H.-G.: Wahrheit und Methode. Tübingen 1990
Grondin, J.: Der Sinn für Hermeneutik. Darmstadt 1994
Historisches Wörterbuch der Philosophie. Darmstadt 1974, Bd. 3, Sp. 1061-1973
Jung, M.: Hermeneutik zur Einführung. Hamburg 2001
Sandkühler, H.J. (Hrsg.): Enzyklopädie Philosophie. Hamburg 1999, Bd. 1, S. 547-551
Schleiermacher, F.: Hermeneutik. Heidelberg 1974

Seiffert, H.: *Einführung in die Wissenschaftstheorie.* München 1991,
   Bd. 2, S. 104-123
Wuchterl, K.: *Methoden der Gegenwartsphilosophie.* Bern 1999, 3.
   Auflage, S. 155-181

5.   Meditation

Meditation ist ein bewusstes, absichtliches Heraustreten aus
dem Alltag. Es umfasst Vorkehrungen, damit im Inneren des
Menschen Ruhe einkehrt. Dann werden Methoden des inneren Handelns angewandt, so dass das Ich sein Bewusstsein
erweitern kann.

Für die Durchführung dieses Prozesses gibt es eine Vielzahl von
Methoden, die die Atmung, das innere Sprechen, die Lebens-
energie, innere Bilder, Musik, Bewegung usw. zur Bewusstseins-
veränderung einsetzen.

5.1   Geistige Meditation

Erste Spuren der Meditation finden wir in der Vorsokratik bei
Anaxagoras (500-428 v.Chr.). Anaxagoras unterscheidet zum er-
sten Mal in der Geschichte des Denkens Geist und Materie. *„Der
Geist hat die Macht aus sich selbst." „Der Geist hat die größte
Kraft." „Der Geist ist etwas Unendliches."* (W. Capelle: Die Vorsokratiker. Stuttgart 1968, S. 272f.) Anaxagoras sagt auch: *„Der
Geist ordnet alle Dinge, indem er durch alles hindurchgeht."* (W.
Capelle, a.a.O., S. 269) Wegen des Geistes ist die Welt, bestehend
aus vielen Stoffen, ein geordneter Kosmos. Anaxagoras sieht die
sinnliche Erkenntnisreichweite des Menschen begrenzt: *„In Folge
der Schwäche unserer Sinne sind wir nicht imstande, die Wahrheit
zu erkennen."* (W. Capelle, a.a.O., S. 280) Die Erkenntnis der Wahrheit der Macht des Geistes im Kosmos gelingt nur durch Meditation: *„Die sichtbaren Dinge"*, schreibt Anaxagoras, *„bilden die Grundlage der Erkenntnis des Unsichtbaren."* (W. Capelle, a.a.O., S. 281)

Die Meditation hat bei Anaxagoras zwei Stufen:
1. Vorstellung der sichtbaren Dinge,
2. meditative Schau des unsichtbaren Geistes des Kosmos.

Übung: do it yourself
Schließen Sie die Augen. Stellen Sie sich erst die vielen Aspekte Ihres Themas vor. Imaginieren Sie dann ein universelles geistiges Prinzip, das Ihr Thema ordnet.

5.2   Meditation des Aufstiegs

Platons (437-347 v.Chr.) philosophische Meditation hatte die Erkenntnis der Ideen zum Ziel. Der Aufstieg zu den Ideen führt für den Meditierenden zum Wandel seiner äußeren Fremdlenkung zu einer inneren Selbstlenkung. Platon entwickelt im „Phaidon", dem letzten Gespräch des Sokrates vor seinem Tod durch den Giftbecher, seine Theorie der meditativen Absonderung und Befreiung der Seele vom Leibe. In der Absonderung von den letztlich sinnlichen Einflüssen, erinnert sich die Seele der Idee des Guten, Wahren und Schönen wieder, die sie schon vor ihrer Geburt gesehen hat. (Platon: Phaidon. In: Werke Bd. III Reinbek 1959, S. 24) Dem Unsichtbaren der Ideen muss sich die Seele meditativ zuwenden. Sie wird in der Meditation die Stufen durchschreiten, die Platon „Höhlengleichnis" (Platon, a.a.O., S. 59) vorgestellt hat.

Die Meditationsmethode der Stufen des Höhlengleichnisses heißen:
1. Verschaffen Sie sich Ruhe von den äußeren Dingen.
2. Folgen Sie der Vernunft von den Dingen zu den Gedanken.
3. Steigen Sie im Abstraktionsprozess zu den Ideen auf.
4. Schauen Sie das Göttliche und nicht der Meinung Unterworfene oft und lange an. (Platon, a.a.O., S. 35)

Diese Meditationsmethode wird von Platon zugleich als entschiedene Hilfe gegen die Todesangst vorgestellt, weil sich die Seele in dieser Meditation von ihrer Unsterblichkeit überzeugt. „*Tritt also der Tod den Menschen an, so stirbt das Sterbliche an ihm (der Leib), das Unsterbliche aber und Unvergängliche (die Seele) zieht wohlbehalten ab, dem Tod aus dem Wege.*" (Platon, a.a.O., s. 56)

145

Übung:
Schließen Sie die Augen. Stellen Sie sich eine Leiter mit folgenden Stufen vor:

1. Konkrete Dinge zu Ihrem Thema
2. Ideen der Dinge zu Ihrem Thema
3. Die obersten Ideen: das Wahre, Gute und Schöne Ihres Themas

Beschreiben Sie nach Ihrer Imagination Ihre Erkenntnisse zum Thema.

5.3 Verschmelzung mit dem Thema

Plotin (205-270) formalisiert die platonische Meditation in vier Stufen:

1. Stufe: Reinigung der Seele von den Begierden der äußeren Dinge
2. Stufe: Einkehren nach innen und Schau der Ideen
3. Stufe: Überschreitung der Ideen
4. Stufe: Verschmelzung mit dem Einen

(L.v. Werder: Beklage dich nicht – philosophiere. Berlin 1996, S. 92f.)

Plotin definiert die vier Stufen seiner philosophischen Meditation folgendermaßen:

„1. Kehre ein bei dir selbst,

2. entferne aus dir, was überflüssig ist,

3. so dass das göttliche Licht zum Erscheinen kommen kann,

4. und du in Reinheit eins mit ihm wirst."

(Plotin zit.n. B. Borchert: Mystik. Königstein 1994, s. 89)

Übung:
Kehren Sie ein bei sich selbst. Entfernen Sie aus sich, was nicht zum Thema gehört, so dass der Kern des Themas zur Erscheinung kommt und Sie mit Ihrem Thema übereinstimmen.

5.4 Meditation eines Gedankens zum Thema

<u>Anselm v. Canterbury</u> (1034-1109) will sich ohne Stütze auf Empirie, Bibel und Kirchenlehrer einzig mit Hilfe seiner Vernunft über philosophische Probleme verständigen.

Die Meditation zur Lösung philosophischer Probleme beginnt mit der Innenkehr, die v. Canterbury so beschreibt:

„1. Entfliehe Mensch den Beschäftigungen

2. Verbirg dich eine Weile vor deinen verworrenen Gedanken.

3. Wirf ab die drückenden Sorgen.

4. Stell zurück deine mühevollen Geschäfte.

5. Sei frei für dein Denken."

(A.v. Canterbury: Proslogion. Stuttgart 1995, Kap. 1)

Übung: **do it**
Schließen Sie nun Ihre Augen und stellen Sie sich nach vier **your-**
Stufen der Innenkehr Ihr Thema vor. Beschreiben Sie die **self**
Resultate Ihrer Meditation.

5.5 Ich meditiere, also erforsche ich mein Thema

<u>René Descartes</u> (1596-1650) bekämpfte seine Zweifel in der Möglichkeit sicherer Erkenntnis mit seiner Meditationstechnik. Er beschreibt sie folgendermaßen:

„1. Ich will jetzt meine Augen schließen,

2. meine Ohren verstopfen

3. und alle meine Sinne ablenken,

4. auch die Bilder der körperlichen Dinge aus meinem Bewusstsein tilgen oder doch, sich dies wohl kaum tun lässt, sie als eitel und falsch, gleich nichts achten.

5. Ich will mich nur mit mir selbst unterreden,

6. tiefer in mich hineinblicken

7. und versuchen, mich mir selbst nach und nach bekannter und vertrauter zu machen."

(R. Descartes: Meditationen. Berlin 1965, S. 27)

do it
your‑
self

Übung:

Schließen Sie die Augen, führen Sie ein Selbstgespräch mit sich über Ihr Thema, blicken Sie tiefer in sich hinein und machen Sie sich mit Ihrem Thema bekannter und vertrauter. Schreiben Sie dann einen kurzen Dialog zwischen Ich 1 und Ich 2 über Ihr Thema.

5.6 Indische Meditation

<u>Sri Aurobindo</u> (1872-1950), der bekannte hinduistische Philosoph, gewann wichtige Erkenntnisse durch folgende Meditation: *„Setz dich hin, beobachte und du wirst sehen, dass die Gedanken von außen in dich eintreten. Ehe sie eintreten können, schlage sie zurück."* (S. Aurobindo: Der integrale Yoga. Reinek 1993, S. 9)

do it
your‑
self

Übung:

Setzen Sie sich hin. Beobachten Sie Ihre Gedanken. Weisen Sie sie alle ab, bis ein neuer Gedanke kommt, der für Ihr Thema passt.

5.7 Eurohinduistische Meditation

<u>George Bataille</u> (1897-1962), der Begründer der postmodernen Philosophie, schätzt die hinduistische Atemmeditation: *„Der Atem ist die einzige Bewegung, die in die Innerlichkeit führt. Indem die Hindus langanhaltend, ruhig und vielleicht lautlos ein- und ausatmen, haben sie nicht zu Unrecht dem Atem eine Macht gegeben ... die die Geheimnisse des Herzens erschließt."* (G. Bataille: Die innere Erfahrung. München 1999, S. 31)

do it
your‑
self

Übung:

Stellen Sie sich Ihr Thema vor. Atmen Sie anhaltend, ruhig und lautlos ein und aus. Stellen Sie nach zehn Minuten fest, welche Geheimnisse Ihres Themas diese Atemmeditation Ihnen erschlossen hat.

5.8 Sitz-Meditation

Alan Watts (1915-1974), der bekannte Euro-Buddhist aus den USA, praktizierte die Sitzmeditation als Zen, *„ohne den Zwang zur Regelmäßigkeit ... einfach nur das im Sinn behalten, was man herausfinden muss ... Zen-Meditation ist von einer vertrakten Einfachheit."* (A. Watts: Zeit zu leben. München 1979, S. 213, 296)

Übung: **do it your- self**
Setzen Sie sich ganz unregelmäßig hin. Schalten Sie alles ab. Achten Sie darauf, was Ihnen in dieser Sitzhaltung zu Ihrem Referat oder Ihrer Hausarbeit einfällt.

5.9 Meditationen der Stille

Peter Sloterdijk (*1947) hat das hinduistische Meditieren als Aufhebung des Ichs und der Welt in Poona bei Bagwhan/Osho gelernt. Er hat aber auch erkannt, dass es für jeden Europäer Formen alltäglicher Meditation gibt: *„Man braucht kein Philosoph zu sein, um die Welt in Abständen untergehen zu lassen. Jeder Sterbliche besitzt ein ausreichendes Maß an Weltuntergangspraxis, um im Schlaf, im Drogenrausch, in der Meditation der Spekulation, in der Musik, die uns aus grauen Stunden in eine bessere Welt aufrückt."* (P. Sloterdijk: Weltfremdheit. Frankfurt 1993, S. 298)

Übung: **do it your- self**
Sehen Sie einmal von der Welt ab. Konzentrieren Sie sich nur auf Ihr Thema. Beschreiben Sie die Resultate dieser Konzentration.

Die hinduistische Meditation hält Sloterdijk für die heutigen aufgeklärten Europäer für nicht praktizierbar. Er schlägt für diese Europäer die nachmetaphysische Meditation vor: Im Zentrum dieser Meditation stehen das Hören von Musik und das Erleben der Stille: *„Mag sein, dass die Meditierer aller Zeiten Stille und Schwei-*

gen gesucht haben. Aber auch die Musik feiert ... die kosmische Stille der Existenz." (P. Sloterdijk, a.a.O., S. 325)

do it your-self Übung:
Was erleben Sie, wenn Sie Musik hören, die Sie still werden lässt? Beschreiben Sie Ihre Einfälle zu Ihrem Thema nach der musikalischen Stillemeditation.

5.10 Meditation in der Natur:

Ken Wilber (*1949), der amerikanische Transzendentalist, schätzt besonders das Meditieren in der Natur. *"Man befindet sich also entspannt und mit weitem Bewusstsein auf einem Spaziergang, betrachtet einen schönen Berg – und plötzlich gibt es keinen Betrachter mehr, nur noch den Berg, man ist der Berg ... Anders ausgedrückt: Die Trennung zwischen Subjekt und Objekt ist aufgehoben. Drinnen und Draußen haben keine Bedeutung mehr."* (K. Wilber: Eine kurze Geschichte des Kosmos. Frankfurt 1997, S. 263

do it your-self Übung:
Gehen Sie lange in der Natur spazieren. Denken Sie lange an nichts, bis die naturmystische Stille eintritt. Geben Sie sich dieser Stille hin. Wenn Sie aus ihr erwachen, denken Sie an Ihre Hausarbeit oder Ihr Referat. Schreiben Sie nun Ihre Einfälle und Ideen zu Ihrem Thema auf.

Literatur zur Meditation
Historisches Wörterbuch der Philosophie: Darmstadt 1980, Bd. 5, Sp. 961-968
Eliade, M.: Yoga. Frankfurt 1998
Lotz, J.B.: Der Weg nach Innen. Münster 1954
Glasenapp, H.v.: Buddhistische Mysterien. Stuttgart 1944
Capelle, W.: Die Vorsokratiker. Stuttgart 1968

Kant, I.: Anthropologie in pragmatischer Hinsicht. In: Werke, Band
    VI. Darmstadt 1962
Kant, I.: Werke, Band III. Darmstadt 1962
Platon: Phaidon. In: Werke Bd. III Reinbek 1959
Plotin zit.n. B. Borchert: Mystik. Königstein 1994
Schopenhauer, A.: Welt als Wille und Vorstellung. Zürich 1977
Werder, L.v.: Beklage dich nicht – philosophiere. Berlin 1996

6. Tagebuch

> Der philosophierende Tagebuchschreiber spaltet sein Ich. Es tritt als lehrendes Ich seinem betroffenen Ich gegenüber. Sein lehrendes Ich ruft sein anderes Ich auf, zu geistigen Ordnungen und Übungen.
>
> Das philosophische Tagebuchschreiben hat Ähnlichkeit mit dem sokratischen Denkverfahren. Durch Selbstanalyse und Selbstsynthese will sich das philosophierende Ich in der Entwicklung seiner Themen stützen und stärken.

6.1 Mut zum Tagebuch schreiben

<u>Franz Kafka</u> schreibt:

> *„Das Tagebuch von heute an festhalten!*
> *Regelmäßig schreiben!*
> *Sich nicht aufgeben!*
> *Wenn keine Erlösung kommt,*
> *so will ich jeden Augenblick*
> *ihrer würdig sein."*

do it yourself Übung:

Folgen Sie dem Mut Kafkas. Schreiben Sie über Ihr Thema regelmäßig ins Tagebuch

6.2 Katharsis durchs Tagebuch

<u>Henri-Frederic Amiel</u> stellt fest:

> *„Ich danke dir Tagebuch!*
> *Meine Erregung hat sich gelegt.*
> *Ich bin wieder ruhig und menschenfreundlich."*

Übung: **do it your-self**

Übung: **do it your-self**

Schreiben Sie auch über Ihre Angst beim Arbeiten an Ihrem Thema in Ihr Tagebuch.

6.3   Mut zur Lücke

Johann Caspar Lavater sieht die Grenzen des Tagebuchs und beschränkt sich auf seine „merkwürdigsten Stunden".

> *„Ein vollständiges Tagebuch zu machen,*
> *dazu habe ich keine Zeit mehr;*
> *ich will also nur ... meine merkwürdigsten*
> *Stunden ... aufzeichnen."*

Übung: **do it your-self**

Folgen Sie Lavater bei seinem Mut zur Lücke. Schreiben Sie in Ihr Tagebuch nur über die merkwürdigsten Stunden, die Sie bei der Arbeit an ihrem Thema erlebt haben.

6.4   Bewältigung von Ängsten

Ernst Jünger bearbeitete im Tagebuch seine Ängste:

> *„Das Tagebuch ist das beste Medium.*
>
> ...
>
> *Es bleibt das letzte mögliche Gespräch.*
> *Das Tagebuch nähert sich nun dem Logbuch an.*
> *Es enthält Notizen auf der Fahrt durch Meere,*
> *in denen der Sog des Mahlstroms*
> *fühlbar wird und Ungeheuer auftauchen."*

Übung: **do it your-self**

Scheiben Sie in Ihr Tagebuch alles über Ihre Denkängste bei der Arbeit an Ihrem Thema auf.

6.5   Geständnis der Erfahrung der Ohnmacht

Simone Weil (1909-1943), die französische Mystikerin, schildert in ihrem „Fabriktagebuch" ihr Scheitern, sich mit der Arbeiterschaft politisch zu solidarisieren. Sie schreibt von *„heftigen Kopfschmerzen, sehr langsamer und schlechter Arbeit, furchtbaren Augenschmerzen, großer Ermüdung und elender Sklaverei. Durch Erschöpfung und Kopfschmerzen verliere ich vollständig die Herrschaft über meine Bewegungen."* (S. Weil: Fabriktagebuch und andere Schriften zum Industriesystem. Frankfurt 1978, S. 50-51)

do it yourself Übung:
Schreiben Sie in Ihr Tagebuch alle Qualen auf, die Ihnen die Arbeit an Ihrem Thema abverlangt.

6.6   Auseinandersetzung mit vielen Denkrichtungen

Witold Gombrowicz kämpft mit vielen Denkansätzen:
> *„Wenn ihr mein Tagebuch lest,*
> *welche Eindrücke empfindet ihr da?*
> *Das ist die Schlucht des Katholizismus.*
> *Dort der Wald des Marxismus.*
> *Hier der Hammer der Psychoanalyse.*
> *Dies die artesischen Brunnen Hegels.*
> *Weiter dort die hydraulischen Pressen des Surrealismus."*

do it yourself Übung:
Jedes Thema hat multifachliche Perspektiven, die Sie im Tagebuch notieren sollten. Versuchen Sie im Tagebuch einen Ansatz zum interdisziplinären Denken für Ihr Thema.

6.7   Arbeit mit Mandalas

C.G. Jung (1875-1961) hat seine Arbeit mit seinen inneren Dämonen in Tagebüchern niedergelegt. *„Die Phantasien, die mir damals kamen, schrieb ich zuerst ins ‚Schwarze Buch', später übertrug ich sie ins ‚Rote Buch', das ich auch mit Bildern ausschmückte. Es enthält die meisten meiner Mandala-Aufzeichnungen."* (C.G. Jung. Erinnerungen, Träume, Gedanken. Zürich 1962, S. 191) Diese Mandala-Eintragungen wurden der Anlass für alle weiteren Ideen, die dann der Inhalt von Jungs Tiefenphilosophie wurde.

Übung: **do it**
Zeichnen Sie in Ihr Tagebuch auch Mandalas (Rundbilder),   **your-**
in denen Sie die Spuren Ihres Themas visualisieren. Viel-   **self**
leicht gewinnen Sie auf diesem Weg neue Ideen für Ihr
Referat bzw. Ihre Hausarbeit.

Literatur zum Tagebuch-Schreiben
Fulweiler, T.: The Journal Book. Portsmouth 1984
Hocke, G.R.: Europäische Tagebücher aus vier Jahrhunderten. Wiesbaden 1978
Progoff, J.: At a Journal Workshop. New York. 1975
Werder, L.v.: Brainwriting & Co. Berlin 2002
Werder, L.v.: Einführung in die philosophische Lebenskunst. Die Kunst ein philosophisches Tagebuch zu führen. Berlin 2000

„Es tut der schöpferischen Originalität keinen Abbruch,
wenn man feststellt,
dass jeder Philosoph seine Rezepte hat,
und sie fortwährend anwendet."
(A. Köstler, Autor)

C Halle 3 der Ideenfabrik: Textsorten zur Verschriftlichung von Ideen.

1. Referate und Hausarbeiten

2. Gedichte

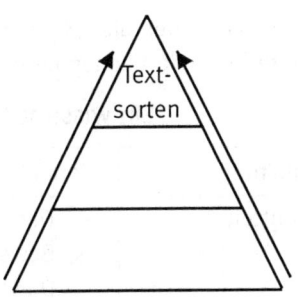

Gefundene Ideen wollen in Textform gebracht werden

Wir werden im Folgenden kurz auf Referate und Hausarbeiten und auf Gedichte eingehen. Natürlich sind die Resultate unserer Ideenfabrik genauso für die Textsorten „Diplom- und Doktorarbeiten" sowie „Essay" umsetzbar. (Vgl. L.v. Werder: Das kreative Schreiben von Diplom- und Doktorarbeiten. Berlin 2002)

1. Referate und Hausarbeiten

Bei der Umsetzung der Ergebnisse methodischer Ideensuche in die Textformen von Referaten und Hausarbeiten, lassen sich drei Typen unterscheiden:

1. Klärung eines Streits,
2. Lösung eines Problems und
3. Verteidigung der eigenen Position.

(Vgl. J.F. Rosenberg: Philosophieren. Frankfurt 1993, S. 135f.)

1.1 Die Klärung eines Streits

Der Aufsatz über die „Klärung eines wissenschaftlichen Streits" könnte folgende Gliederung haben:

Ein wissenschaftlicher Streit

Einleitung	Formulierung des strittigen Problems
Hauptteil	- Darstellung der Position 1 - Bewertung der Position 1 - Darstellung der Position 2 - Bewertung der Position 2
Schluss	Entscheidung

Die Formulierung des strittigen Problems, zu dem zwei Wissenschaftler unterschiedliche Meinungen äußern, sollte als Frage formuliert werden. Zu dieser Frage sollten mit Hilfe kreativer Denkmethoden Einfälle gesammelt werden. Aus diesen Einfällen ergibt sich dann der rote Faden der Argumentation, der sich in einem Mind-Map in seiner Doppel-Position darstellen lässt. Nach der Erstellung des Mind-Maps wird dann der Hauptteil des Aufsatzes geschrieben. Bei der Bewertung jeder Position sollten jeweils ihre Stärken und Schwächen vorgestellt werden. Beim Schluss sollte mit Hilfe der Dialektik das Recht und das Unrecht beider Positionen deutlich werden.

1.2 Lösung eines Problems

Der Aufsatz zur „Lösung eines wissenschaftlichen Problems" könnte sich an folgender Gliederung orientieren:

Lösung eines wissenschaftlichen Problems

Einleitung	Formulierung und Analyse des Problems
Hauptteil	- Entwicklung von Kriterien einer Lösung - Entfaltung der Lösung - Prüfung der Lösung
Schluss	Auseinandersetzung mit möglicher Kritik an der Lösung

Das wissenschaftliche Problem sollte mit verschiedenen kreativen Denktechniken durchgearbeitet werden. Bei der Entwicklung von Kriterien zur Lösung des Problems sollten Sie auf Ihre Lebensphilosophie zurückgreifen. Die Entfaltung der Lösung wäre ganz im Kontext Ihrer Lebensphilosophie, die beim Durchgang durch die Ideenfabrik sich bewusster entwickelt hat, zu vollziehen. Auch die Prüfung der Lösung könnte Argumente vorbringen, die Sie als Einwände gegen Ihre Lebensphilosophie schon oft gehört haben. Zum Schluss sollten Sie diese Einwände noch einmal klar benennen und abweisen.

1.3 Verteidigung der eigenen Position

Der Aufsatz zur „Verteidigung der eigenen wissenschaftlichen Position" lässt sich folgendermaßen gliedern:

Die eigene wissenschaftliche Position

Einleitung	Die Hintergründe meiner wissenschaftlichen Position
Hauptteil	- Darstellung der eigenen Position - Argumente für die Position - Kritik an der Position - Widerlegung der Kritik
Schluss	Befestigung der eigenen Position

Da Sie in diesem Buch viel über kreative Denktechniken erfahren haben, wird Ihnen die Einleitung zur Darstellung Ihrer wissenschaftlichen Position nicht schwer fallen. Auch die Formulierung Ihrer Position in Form von Thesen wird sich auf die Erkenntnisse Ihrer Ideenfindung stützen können.

Sie haben viele Philosophen in diesem Buch kennen gelernt, die ihre Positionen heftig bestreiten. Also wird Ihnen Kritik und Antikritik zu diesem Thema auch nicht schwer fallen.

Der Schluss Ihres Essays sollte Ihr ganzes Argumentationsvermögen versammeln, um Ihre Position attraktiv zu machen.

2. Gedichte

Oft können kreative Ideen sich besser in Gedichten als in Referaten und Hausarbeiten äußern. Nutzen Sie deshalb häufig das Schreiben von Gedichten. Der einfachste Weg, ein Ideen-Gedicht zu schreiben, umfasst folgende acht Stufen:

Acht Stufen zum Ideen-Gedicht

1. Stufe — Meditieren Sie 2 Minuten ohne Focus.
2. Stufe — Schreiben Sie 5 Minuten Freewriting zum Kernwort Ihres kreativen Gedankens.
3. Stufe — Identifizieren Sie Ihre kreative Zentralidee aus Ihrem Freewriting-Text.
4. Stufe — Identifizieren Sie Ihre zentrale Metapher für Ihre kreative Zentralidee.
5. Stufe — Schreiben Sie einen ersten Entwurf Ihres Gedichtes mit Hilfe eines Clusters zum Kernwort Ihrer Metapher.
6. Stufe — Schreiben Sie einen Freewriting-Text zu Ihrem vorläufigen Gedicht.
7. Stufe — Bauen Sie die neuen Ideen in Ihr Gedicht ein.
8. Stufe — Überarbeiten Sie Ihr Idee-Gedicht durch Verdichtung und Kürzung.

Gedichte zu neuen Ideen lassen sich leichter schreiben, wenn sie mit Ich-Sätzen beginnen, die Sie dann auch seriell ergänzen könnten.

An folgende Ich-Satz-Anfänge, die Sie über 10-20 Zeilen wiederholen, ist zu denken:

Ich denke oft ...
Ich habe erkannt, dass ...
Ich sehe langsam ein, dass ...
usw.

Oder:
Sie können auch 100 Wörter aufschreiben, die für Ihre neuen Ideen zentral sind. Wählen Sie dann jeweils fünf Worte aus, um aus ihnen ein Ideen-Gedicht zu machen.

Oder:
Wählen Sie einen Kernsatz Ihrer neuen Lieblingsidee aus und machen Sie aus ihm ein Gedicht. Schreiben Sie dann einen zweiten Satz zu einer neuen Idee auf und verfertigen Sie nun ein zweites Gedicht.

Oder:
Legen sie Ihre neuen Ideen auch in gebundenen Gedichtformen nieder: in einem ELFchen, einem Haiku, einem Rubai, einer Volksliedstrophe, einem Schneeball, einem Ein-Satz-Gedicht oder einem seriellen Gedicht. (Vgl. L.v. Werder: Das philosophische Café. Berlin 1998, S. 96-100)

Literatur zur Verschriftlichung von Ideen
Bünting, K.-D.: Schreiben im Studium. Berlin 1996
Narr, W.-D., Stary, J. (Hrsg.): Lust und Last des wissenschaftlichen Schreibens. Frankfurt 1999
Rosenberg, J.F.: Philosophieren. Ein Handbuch für Anfänger. Frankfurt 1993
Werder, L.v.: Brainwriting & Co. Berlin 2002
Werder, L.v.: Kreatives Schreiben von wissenschaftlichen Hausarbeiten und Referaten. Berlin 2000
Werder, L.v.: Kreatives Schreiben von Diplom- und Doktorarbeiten. Berlin 2002³

Allgemeine Literatur
zu kreativen Denkmethoden

Andehm, D.: Kreativitätstechniken. Düsseldorf 1991
Baker, S.S.: Your Key to Creative Thinking. New York 1968
Bambeck, J.J., Wolters, A.: Brain Power. Berlin 1994
Barth, F.D.: Tagträumen. München 1999
Birkenbihl, V.F.: Stroh im Kopf. München 1993
Blakeslee, T.R.: Das rechte Gehirn. Freiburg 1982
Bochenski, I.M.: Die zeitgenössischen Denkmethoden. Bern 1959
Böhmer, O.A.: Neue Sternstunden der Philosophie. München 1995
Böhmer, O.A.: Sternstunden der Philosophie. München 1994
Bollnow, O.F.: Philosophie der Erkenntnis. Stuttgart 1970
Bono, E. de: Laterales Denken. Düsseldorf 1989
Braem, H.: Brainfloating. München 1989
Bugdahl, V.: Kreatives Problemlösen. Würzburg 1991
Buzan, T., Buzan, B.: Das Mind-Map-Buch. Landsberg 1996
Buzan, T.: Kopftraining. München 1993
*Clark, C.: Brainstorming. Methoden der Zusammenarbeit und Ideenfindung.
    München 1970*
Dennett, D.: Philosophie des menschlichen Bewußtseins. Hamburg 1995
Dilts, R.B.: Einstein. Paderborn 1992
*Eberhard, K.: Einführung in die Erkenntnis- und Wissenschaftstheorie. Stutt-
    gart 1987*
Feyerabend, P.: Wider den Methodenzwang. Frankfurt 1986
*Friedrich, M.: Kreatives Brainwriting mit Brain-Maps. Bergisch Gladbach
    1994*
Gawein, S.: Creative Visualisation. New York 1978
Hadot, P.: Philosophie als Lebensform. Berlin 1991
*Harman, W., Rheingold, H.: Die Kunst kreativ zu sein. Bergisch-Gladbach
    1991*
Knieß, M.: Kreatives Arbeiten. München 1995
Koestler, A.: Der göttliche Funke. Bern 1966
Kuhn, T.: Die Struktur wissenschaftlicher Revolutionen. Frankfurt 1967
Landau, E.: Psychologie der Kreativität. München 1971
*Lenk, H.: Kreative Aufstiege. Zur Philosophie und Psychologie der Kreati-
    vität. Frankfurt 2000*
Linneweh, K.: Kreatives Denken. Rheinzabern 1984
Matussek, P.: Kreativität als Chance. München 1979
May, R.: Der Mut zur Kreativität. Paderborn 1987
Menne, A.: Einführung in die Methodologie. Darmstadt 1992
Neumann, E.: Der schöpferische Mensch. Frankfurt 1995

Oech, R. de: *Der kreative Kick*. Paderborn 1994
Osborn, A.F.: *Applied Imagination*. New York 1953
Parv, V.: *The Idea Factory*. St. Leonards 1995
Popitz, H.: *Wege der Kreativität*. Tübingen 1997
Preiser, S.: *Kreativitätsforschung*. Darmstadt. 1986
Rabbow, P.: *Seelenführung*. München 1954
Restak, R.M.: *Geheimnisse des menschlichen Gehirns*. München 1989
Ritter, R. (Hrsg.): *Historisches Wörterbuch der Philosophie*. Darmstadt 1971ff., Bd. 1-10
Sand, H.: *Neue Methoden zum kreativen Denken und Arbeiten*. Kissing 1979
Sandkühler, H.J.: *Enzyklopädie Philosophie*. Hamburg 1999, Bd. 1-2
Schlicksupp, H.: *Ideenfindung*. Würzburg 1992
Schlicksupp, H.: *Innovation, Kreativität, Ideenfindung*. Würzburg 1991
Schlicksupp, H.: *Kreative Ideenfindung in der Unternehmung*. Berlin 1977
Seiffert, H.: *Einführung in die Wissenschaftstheorie*. München 1983
Sikora, M.: *Handbuch der Kreativitäts-Methoden*. Heidelberg 1976
Stein, A., Stein, H.: *Kreativität*. Fellbach 1987
Stuhr, A.W.: *Techniken kreativen Denkens*. Karlsruhe 1969
Ulman, G. (Hrsg.): *Kreativitätsforschung*. Köln 1973
Wack, O.G. u.a.: *Kreativ sein kann jeder*. Hamburg 1993
Werder, L.v.: *Lehrbuch des wissenschaftlichen Schreibens*. Berlin 1993
Werder, L.v.: *Wissenschaftliche Texte kreativ lesen*. Berlin 1994
Werder, L.v.: *Kreatives Schreiben in den Wissenschaften*. Berlin 1995
Werder, L.v.: *Erfolg im Beruf durch kreatives Schreiben*. Berlin 1995
Werder, L.v.: *Beklage Dich nicht – philosophiere*. Berlin 1996
Werder, L.v.: *Lehrbuch der philosophischen Lebenskunst für das 21. Jahrhundert*. Berlin 2000
Werder, L.v: *Einführung in die philosophische Lebenskunst*. Berlin 2000
Werder, L.v.: *Kreatives Schreiben von wissenschaftlichen Hausarbeiten und Referaten*. Berlin 2000
Werder, L.v.: *Kreatives Schreiben von Diplom- und Doktorarbeiten*. Berlin 2000[3]
Werder, L.v.: *Brainwriting & Co*. Berlin 2002
Werder, L.v.: *Lehrbuch des kreativen Schreibens*. Berlin 2001[4]
Wertheimer, M: *Productive Thinking*. New York 1945
Whiting, C.: *Creative Thinking*. New York 1958
Wiegand, J.: *Kreativitätsförderung*. Solst 1988
Wilkes, M.W.: *Kreativität ist Kribbeln im Kopf*. München 1984
Wuchterl, K.: *Methoden der Gegenwartsphilosophie*. Bern 1999